新老交替，旧去新来；海归风，外来潮；长江后浪推前浪，浦江代有新人出。这里汇聚着一批在日新月异的申城大舞台上拼搏进取且独具风采的——

新上海人

新克勒

沈 宽 / 编著

文汇出版社

序一

国家需要新人,新上海也需要上海的新人。上海这些年发展较快,有目共睹。且上海开埠早,地理条件优越,人文积累丰富,对外交流方便,工商业有基础,加上各种条件支撑,更促进了上海的发展。上海人五方杂处,华泽交错,但也不能说比别处人特显精明或高明,没有历史积累和全国各地的支持,上海不可能有今天。

如今备受大家赞叹的千百幢高楼大厦,其建造者中大部分就是外地涌来的民工。近来上海多次派代表去各省市学习,并愿尽力支持各地的发展,以共求繁荣。这是有远见的高招。从全局看,一花独放远不够,万紫千红才是春。希望能持之以恒,尽力做出实效,谦虚谨慎了,无形中带动许多人,那就会有更快的进步。对每一个上海人来说,无疑也还有不少方面需要自强不息。直道为人,力求无愧此生,坚持尽其在我,负责做好本职工作,这是做人、做事的基本道理。

江山代有人才出,新人从原有人群中培植而成。上海滩吸纳并培育了一代又一代新上海人,一代又一代新上海人同时也融入和创造了浦江两岸的城市经济和文化事业。海派文化及其风格在古今中外各种流派的兼容并蓄中发扬光大,早期申城中外合作经营和报业文化出版等组合形式,也在新世纪到来之际蓬勃发展。

历史经常会产生巧合:清同光年间,英国商人美查来到上海,主办《申报》、《点石斋画报》以及多种丛书报刊图籍,编发经史子集和各类辞书参考读物,形成早年中西合璧的上海报业文化。当时年仅弱冠的沈拱之(名锦垣,号问潮馆主人)由苏州抵沪,参与点石斋书局的创建工作,并在申报馆担任编辑。这位早期报业文化创办的参与者恰恰就是本书作者沈宽的高祖父。

沈宽同志秉承家学，曾从郑逸梅、胡吉宣、范祥雍等前辈研习文史，所作《从陶文看汉字之起源》被收入《甲骨文献集成》（第 33 册）；后进《行政与人事》杂志任编辑，在申城人才市场的职业咨询领域独有建树；此后又转入解放日报集团工作，在《新上海人》杂志社中任采编，而这个杂志社的办公地点就设在山东路汉口路的晚清申报馆点石斋书局旧址。相隔一个多世纪的沧桑更替，为沈氏五世与海上文缘添上了一层奇妙的色彩。

　　海纳百川，有容乃大。此书专门选录 21 世纪来自五湖四海的新上海人。从这些"外来"人士的生活片段中，反映他们在申城就业或创业历程中成功或曲折的酸甜苦辣，由世界各地带来的各种思维观念和行为方式，以及当今上海滩容纳、集聚和培植新人的人文环境和市场氛围。

　　我相信，此书可以为全国或全球新来或想来上海的人士，提供各种"过来人"的真实感受，同时也可为刚出校园的毕业生，在走上社会的第一步，即在认识社会、把握人生以及规划自己职业生涯过程中，提供某种更为真切、具体的启示。

徐中玉

华东师范大学中文系教授
原上海市作家协会主席
2011 年 10 月

序二

　　"新克勒"有别于"老克勒"，指的是新上海的新客人。近年来，"新上海人"已成为上海滩上十分流行的一个新称谓，大致指最近十年来上海谋求发展的世界各国和全国各地的有识之士。他们通过奋斗和各种机缘，与上海发生了密切的联系，由客人而变为主人，在上海这片迅速发展的热土上洒下自己辛勤的汗水，也收获了成功的喜悦。他们在上海的每一个故事，或感人，或动人，或富有传奇色彩，他们与上海这座城市的感情交织，已经不亚于一位土生土长的上海本地人。

　　作者紧紧抓住新上海人的经历和精神气质，用简练而生动的笔墨，勾勒出一个又一个新上海人的独特面貌。可以说，分开来看，作者笔下的每一位新上海人都有着一段特殊经历，或曾留学海外，或白手起家地开创事业，或与上海人喜结连理……合起来看，他们又凝聚为一个群像，也就是从异国、异地来到上海滩的各界人士之群体。

　　出现在这本书里的新上海人，大多不是什么高官、高管，多数还是同你我一样的普通人。他们把异乡的文化风俗带进上海，也接受着上海这座大都市的文化和精神洗礼，可以说，他们与上海的关系是双向互动的，并且一直处于这种互动之中。作者根据自己对人物的了解和采访心得，抓住典型的人物和事件，不放过任何生动的细节，让我们真切感受到新上海人的精神风貌和魅力所在。

　　书写新上海人的感人事迹，描摹新上海人的精神气质，揭示新上海人与上海这座国际大都市的关系，这是一件十分有意义的事。沈宽同志的作品正具有这样的意义，因此，本人郑重地向大家推荐。

方智范

华东师范大学中文系教授、博导

2011 年 10 月

目 录

德国金发女丝克

海归医家曾昭冲

海派奇葩

香港陶艺家郑祎

海归画家陆志德

海商新锐

台湾企管家成树芬

海上情结

网络社会学家黄晖

海滨另类

新克勒

海归英才

吴建中：申城书海领航人

吴建中博士确实不简单：他在美丽的大上海迎来了自己"英归"10周年与上海图书馆开馆50周年的"双庆"之年后，正式出任上海图书馆馆长、上海科学技术情报所所长，又被国际学术机构特聘为比尔·盖茨基金会Access to Learning专项奖的评审委员会委员……

2002年第1期《图书情报工作动态》中《从CSSCI看我国图书情报领域之最》一文所列举的全国十位引书最多的学者名单上，吴建中及其论文与著作连续两年榜上有名；在英国格拉斯哥市举行的国际图书馆联合会年会上，他作为亚、澳两大洲代表作了"图书馆在消除数字鸿沟中的作用"的专题报告，并博得与会专家的广泛赞誉。

长年来一直坚持着"低调、再低调"的吴馆长，在迎接上海世博会的时候，全身心致力于将自己的积累与上海图书馆这座知识宝库结合在一起，为迎接世博会作出应有的贡献。他不仅忙于上海世博会的各种资料准备，完成了世博历史、世博文化、世博信息等多部专著，还积极应对各家媒体与多家单位的专题采访和报告。

知识导航抓服务

吴建中的办公室宽敞明亮。他充满自信地介绍：上海图书馆已成为上海首当其冲的精神文明重要"窗口"，全面追求"规范化管理与社会化服务"相统一的机制，物业管理在国内首家通过ISO9000国际质量标准认证，其管理与服务基本上与国际接轨，并可以同全球任何先进的图书馆媲美。他说，全市各区县、街道图书馆的图书联网工程已经实现，全国图书馆的讲座、视听等资源也可以联网共享。

对于上海图书馆的先进性，吴建中说，首先体现在它的开放程度高、接待量大，现在每周开放 84 小时，每天接待上万人次，均已超过国外同类图书馆，而且不受限制，任何人都可以办证及借阅书籍资料；第二是现代化程度高，上图已具备了国际一流的硬件设备、先进的图书管理软件，所有书目信息全部上网；第三是服务日趋多样化，除图书以外，还配备展览厅、演讲厅、视听室，举办系列讲座、书评和专题报告等，还具有一支高素质的专业队伍，能满足各种层次读者广泛的文化需求。

继往开来从头越

1996 年 11 月，吴建中应邀在日本图书馆研究会成立 50 周年纪念大会上，用流利的日语向来自日本各地的 400 余位同行作了专题发言。台下听众的提问一个接一个，大会主持人伊藤昭治教授几次示意大家结束提问，可整个演讲还是持续了一个半小时。最后，吴建中在长时间的掌声中答谢三次才得以结束演讲。这个热烈的场面给吴建中留下了深刻的记忆。

吴建中始终思考着一个新的问题，就是如何将图书馆办成人们终生学习的最佳课堂。他说，在英国学校里，没有统一的教材，没有固定的标准答案，更没有那么多规定的课外作业，老师只是教学生如何去掌握学习方法。吴建中至今仍清晰地记着导师约翰·哈里斯博士的话："你们要学会自己到图书馆里去找答案，如果我把问题回答你的话，只是一个标准的答案，而图书馆里则可以给你们许多种答案。"吴建中还说，他正在与同事们一起着手拓展图书以外的"边际功能"，如系列讲座、参考导读、情报产业等延伸项目的新一轮开发，以便使"上图"这座知识宝库的功效更趋完美。

文化积累赴英国

吴建中从小就喜欢读书，他秉性平和却十分灵活，在校时品学全优，课余，自己跟着广播学习英语，除语文、外语成绩每次第一外，他的体育成绩，如跳高、乒乓、跑步，甚至扔手榴弹等，也是全校或全班第一，还当上了学生团团长、文艺小分队队长。高中毕业时，他由于学习成绩特别优秀而被直接选送华东师大外语系日语专业。他乐于为大家服务，能歌善舞，还

吴建中

会指挥、作曲,当时风靡全校的《校友歌》就出自吴建中的笔下。老校友王沪宁回沪时还笑着对大家说,他至今还能背出吴建中当时创作的那首歌。大二暑期,吴建中去金山石化总厂实习,在技术部当上了技术情报的日语翻译,不仅笔译过关,而且在很短的时间内成功地完成了日本专家来公司进行技术讲座的现场口译。大学毕业后,他又以优异的学习成绩留在华东师大外语系执教同时兼读研究生。

1982年,吴建中从华东师大研究生院图书馆学毕业并获文学硕士学位后,到上海图书馆从事外语文献采编、联合国资料管理等。一年后,他独自研发的联合国资料托存馆管理服务系统建成。1988年,吴建中取得中英友好奖学金,赴欧洲最大的图书馆学院——英国威尔士大学留学,专攻"图书馆与情报学"。期间,他凭借通晓中、英、日三国语言的优势,进入威尔士的国家图书馆兼职,参与《霍克思文库》的编撰。

霍克思是牛津大学大名鼎鼎的汉学教授,曾将中国的《红楼梦》等名著译成英语介绍给世界各国。上世纪80年代初,霍克思将自己收藏的一大批中、日、英等书籍捐献给威尔士国家图书馆,无奈精通这三国文字的人实在难觅,这批书籍就一直堆在了书库,由于吴建中的到来,才使霍克思教授博大精深的学术思想与长年的心血重新焕发出光彩。图书馆如获至宝,让这个中国小伙子在那里一展身手。《霍克思文库》完成时,霍克思老人拿着书激动地用拉丁语连连称赞道:"太完美了!"

报效祖国回上海

1992年,吴建中在威尔士大学取得哲学博士学位后,从媒体上获悉上海要建造全国一流图书馆的消息,心情无比激动。于是,他马上与国内取得联系,要将自己积累的经验报效给祖国,并希望能亲身投入到新馆的建设中去。不久,吴建中便回到上海,回到上海图书馆,将在海外学到的大型图书馆管理知识,运用在图书管理系统选型、数据库建设以及新馆的设计、规划、搬迁与布置中,又结合自己的工作,确立"国际图书馆建筑比较研究"专项课题,并将这一研究成果汇集成《世界图书馆建筑大观》一书。

吴建中首次向图书馆界提出"三个转移":一、工作重心从书本位向人本位转移;二、业务重心从第二线向第一线转移;三、服务重心从一般服务向咨询服务转移。这些观点集中在《21世纪图书馆新论》中,引起业内的广泛关注,并在东京与台北重版。此外,他还提出"虚拟图书馆"、"冷冻模式"等概念,这些全新的思想正逐渐体现出我国新一代学者在这一领域中与国外同行并肩论道的姿态,以及吴建中举重若轻的学术气度。

何　萍：不凡心地不凡道

　　院长办公室宽敞、明亮，除了各种奖牌和照片之外，还井井有条地陈列着世界各地的工艺品。随和的何院长倒了一杯咖啡，然后平静地说："其实，在上海，民间办学并不十分容易；要能够在探索中不断前进，其实也并不那么轻松。"

　　在上海数千家培训机构中，由留日"海归"何萍女士精心打造的"特爱"学院是颇可圈点的。继"A 类办学机构"、"先进集体"等荣誉称号之后，上海特爱外语进修学院又获得上海市教委成人教育处颁发的"上海市培训机构双十佳"奖牌。

好事敢为天下先

　　特爱培训的拳头产品——"日语同声传译"是上海第一家推出的高层次特色培训。何萍院长亲自上课，在座的学生无不为之折服。特爱第一期同声传译班首批毕业生共 19 名，毕业后都在本市各重要岗位上工作。他们对学院非常有感情，经常回"娘家"。

　　创办于 1996 年的特爱外语进修学院目前已成为全国最大的日语培训机构。创办以来，特爱在探索中前进，刷新了多项专业记录。创办不久，她就拥有了一支 100 多人的教师队伍，每年教师节，学院都要举行全体人员的聚餐，第一年一桌，第二年两桌……桌数逐年增加。特爱的毕业生总量已超过 5 万余人，每年招收的学生逾万名，送去日本的留学生每年也有 300 多人，这在同行中均遥遥领先。

　　日语能力考试（JCT）是目前被世界公认的日语水平测试体系，也是特爱的一项特色培训品种。在人们的心目中，特爱等于日语能力考，每年日语能力考试的第一名都会从特爱诞生。考生的规模也十分可观,一年中,光参加1级考试的学生就达到1 000多人。这项考试的名额原先就比较紧张,特爱的考生一去就是上千名,令各个考点的老师既欢迎又惊讶。拿到证书的学生不仅可以取得奖学金,而且就业或出国也比较方便。

游学大胆去京都

何萍,上海浦东人。1982年7月,她进入华东师范大学日语系攻读文学学士学位,毕业后,在广电局担任日语翻译,后来进入上海人民广播电台做日语节目主持人。

1987年12月,何萍东渡扶桑,在京都女子大学文学院研修日本近代文学。除学习外,教授还介绍她去思文阁出版社打两份工。白天,她一下课就去出版社的美术馆当讲解员,专门介绍中国传统书画艺术,她那生动传神的日语表达能力,使所有的日本观众感到惊讶;晚上,她又在社长夫人开的咖啡馆里当领班,手下还有三四名中国留学生,老板娘对她的工作表现尤其是她在管理上的判断能力感到十分满意。三个月以后,何萍报名参加在京都市举行的全日本留学生演讲大赛。她初战告捷,荣获大赛优秀奖及现金15万日元。不久,何萍又投稿参加京都留学生联谊会举办的“外国人眼中的日本人”作文大奖赛,再次获得大赛一等奖。文章刊发以后,当地的日本人对这位中国留学生刮目相看。

学成毅然回上海

1989年年底,正当国内出国热再次掀起之际,何萍毅然结束日本的学业,辞去工作,回到了上海市广电局,在上海人民广播电台创办“日本之窗”。节目中,她身兼数职,集采、编、导、播于一体。除了主持节目,她还经常和日本广播电视公司一起合作举办特别节目,将上海台的节目转给日本台播放,或把日本台的实况在上海台转播,不仅吸引了两地一大批热心听众,还增进了两国人民的互相了解。这些节目分别获得日本广播大奖和中国有关部门的优秀节目奖。后来,应广大听众要求,何萍还成立了“日本之窗”俱乐部。1995年,在几位朋友的鼓动下,她果断离开广电局,独立创办了一份全彩页的《日本之窗》杂志。不久,又创建上海申时广告传播有限公司。

何萍

此时的《日本之窗》成了何萍事业上真正独立经营、自主创业的新起点。作为主编的她，手下虽然有几位志同道合者协助，但杂志的整体运作全部由她独自承担，策划、采编，甚至是公关、广告和发行，一个人东奔西跑，忙得够呛。在几位日本朋友的赞助下，第一期杂志出版还算顺利，内容也得到社会各界认可，尤其是得到不少在沪日本人的欣赏。但从第二期开始，广告量明显减少，流动资金不足，发行面难以拓展，渐渐地，稿源也成了问题。为了遵守诺言，她不得不把自己银行里的日元拿出来发稿酬，日子越来越难熬了。

偶然巧得第一金

一天傍晚，何萍与日本美能达上海分公司总经理城野先生一起去喝酒。席间，城野对何萍的《日本之窗》大加赞赏。酒过三巡，何萍终于不经意地将内心的苦衷流露了出来。除"哈伊"点头之外，当时城野什么也没有表示。一个星期后，城野打电话叫何萍去公司，直截了当地说，美能达要在上海电视节目中连续投放一个阶段照相机广告，已有一家广告公司送来了报价，总额是100万元，你能不能在不超越这个总价的前提下，把这一项目做得更好。何萍随即就赶到东视去联系，节目组意外地遇到了如此豪爽的大客户,彼此一拍即合。三天后,何萍就向城野提交了策划书;一周后,美能达广告如期在节目中播出;播出次日,何萍的账户上就收到了"第一桶金"。

此后,何萍凭借着这桶金,不仅出色地完成了美能达的广告项目,而且又引来索尼、日立、伊都锦等一大批新的广告客户,既救活了杂志,又搞活了申时公司。不久,何萍又果断放弃了《日本之窗》,与一位老校友一起,创办了特爱外语进修学院。在牢固确立日语培训龙头地位的基础上,学院又同加拿大维多利亚大学合作开发英语教学,同澳大利亚 IH 教育机构进行英语教学交流,并且开始向英、德、法、西、韩等多种其他语言的培训上拓展,从而使特爱在国际化的合作与交流上不断迈出新步子。

曾昭冲：攻克肿瘤新疗法

　　在中山医院放疗科主任办公室，笔者终于见到了留美归来的曾昭冲。这个矮小但结实的年轻人长年在消化道肿瘤的临床第一线默默耕耘，如今已在这一领域崭露头角。

喜欢拼搏才会赢

　　2002年春节刚过，上海市人事局业务受理处的小石上班时突然觉得全身乏力、腹部胀痛，同事们马上把他送到附近的中山医院。经专家及CT诊断，小石的肝胆区有一个"9 cm×8 cm"的大型肿块。Ca？年仅39岁的小石听到这一消息，两眼模糊地倒了下去。他又拿着片子去瑞金、长海等多家医院复诊，专家们一致确认："肝癌晚期，无法手术，恐怕化疗一时也难以承受，建议以中医保守法治疗。"

　　曾昭冲医生亲自主持，通过模拟机与CT相结合，利用电脑控制，对小石进行定向内放疗医治。为期五周的第一疗程结束，黄疸消失，胀痛缓解；9月中旬，经B超初步检查，肿块几乎看不见了。同事们竞相传告："小石的肝癌被中山医院的曾医生消掉了！"曾昭冲解释说："肝区肿块确实明显缩小，但具体要到下一次CT检查后，才能真正确定这一肿块是否全部被消除……"

坚持严谨与大胆

　　1997年秋天，有一个19岁的女孩突发哮喘来医院就诊。她胸腔里长了个"大皮球"，压得胸闷喘不过气，上身不能躺下。经检查显示：她所患胸腺肿瘤已有一个足球那么大。曾医生对她进行了半年的综合治疗，肿块缩小至桂圆般大小。最后,通过外科手术切除,女孩欢蹦乱跳地回了家。出院时,她和父亲专门送来一面绣有"医德高尚、技艺精湛"八个大字的锦旗。2001 年年底,女孩幸福地结了婚,不久,又生了一个男孩。满月后,她和丈夫特意来医院送上了一张"全家福"。曾昭冲从文件夹里拿出那张照片说,这张"全家福"就是他运用自己独创的肝癌新疗法所取得的成果,类似晚期肿瘤被彻底"消化"的病例已有数十例。

2002 年 8 月,在新疆乌鲁木齐举办了一个肿瘤治疗新思维研讨会,到会的几乎都是全国各地大医院肿瘤外科或化疗科主任,曾昭冲作为唯一的放疗科代表"单刀赴会"。在专题发言中,曾昭冲将自己治疗过的每位病人的 CT 图像,通过多媒体幻灯片一一展示,在座的肿瘤科医生口服心服,原本安排 45 分钟的专题报告,应大会主席的要求延长到两个小时。中国抗癌协会临床肿瘤学协作中心秘书长秦叔逵教授在大会总结发言时,情不自禁地说:"我非常钦佩曾医生的严谨学风和大胆追求。"

三分天意七分搏

曾昭冲喜欢听一首闽南歌曲《爱拼才会赢》。歌词大意是:"一时失败请不要怨叹,人生好比海上的波浪,有起亦有伏,如失去了希望,每天醉生梦死,就像有体无魂的稻草人。不管运气好坏,总要按规矩做事,凡事三分天意,七分靠自己拼搏,爱拼才会赢。"

1986 年,曾昭冲从福建医科大学医疗系毕业后,被分配到泉州市国专医院从事肿瘤放射治疗。1989 年,他只身从福建泉州来到上海,师从当时任上海医科大学校长的汤钊猷院士。在研究生面试时,导师问曾昭冲为何报考与放射治疗不相干的肝癌外科学,他充满自信地回答:"肝癌治疗不能光凭一把刀,大肝癌缩小后再手术不就是一种典型的综合治疗?"汤院士听了以后,看着这位初出茅庐的小伙子频频点头。

不久,曾昭冲便成了上海医科大学研究生会主席、优秀学生干部,并获得了当时上医大的最高荣誉——上海市叔萍奖学金。汤院士让曾昭冲加盟国家七五、八五攻关课题和 863 高科技项目——"肝癌导向内放疗"的研究。曾昭冲果然不负汤院士所望,成绩斐然:作为第一作者,他的六篇"导向内放疗"系列论文先后在美国、英国、德国等国际著名的 SCI 杂志刊出,

曾昭冲

得到国内外专家的一致好评。1992年,他获得上医大外科学硕士后,进入附属中山医院工作。

1994年,曾昭冲赴美国费城杰弗森大学医学院放疗科,师从美国放疗界最高学术研究机构——全美放射肿瘤协作组RTOG主席科仁教授,学习放射肿瘤学。在导师的安排下,他学习放射生物学和临床放射肿瘤学。期间,他先后在美国《癌症研究》等著名杂志上发表放射生物学论著六篇。三年后,曾昭冲毅然回到了祖国。1996年,他荣获国家卫生部和上海市科技成果一等奖。1997年,他应邀赴美国参加第79届镭锭学会年会。在纽约的讲台上,他向国际肿瘤专家作了"肝癌导向内放疗"的专题报告。

"我的事业在中山"

1999年,曾昭冲应美国导师之邀,再次去美国工作。在《美国临床肿瘤学杂志》上,曾昭冲撰文陈述,纠正了放射性肝炎的概念,得到各国肿瘤专家的一片赞誉。2000年年初,他如期返回中山医院,继续致力于肝癌放射治疗研究。在曾昭冲的倡导下,中山医院肺部肿瘤综合治疗中心成立,由放疗科、化疗科和外科组成的"三堂会诊"终于在中山医院实现。

2002 年上半年,曾昭冲编著的科普读物《肿瘤放射治疗 250 问》由复旦大学出版社出版。作品深入浅出地介绍了他多年来学到的国外先进理论与国内临床实验相结合的全新体会,不仅在病人中得到广泛好评,许多医生也从中得到有益启发。

曾昭冲一直在探索创建具有中山医院特色的肿瘤放射治疗之路。他把综合性大医院各临床科室喻为"土壤",而将大医院内的放疗科比作"种子",各临床科室必须深入了解放射治疗的有关知识,放疗科医生也必须同相应科室保持联系,参加查房和病例讨论,才能使放疗技术在肿瘤治疗中生根、发芽并开花、结果。这些独到的见解,显然同曾昭冲留学美国的经验分不开。他对病人始终充满热情,无论富贵贫贱均一视同仁,只要病人有需要,他马上收治决不拖延。许多患者在他的精心治疗下得到康复,重新走上了工作岗位。

黄　晖：创始网络社会学

　　黄晖，美国互联网社会学创始人、美国鲁汶大学终身教授、著名统计分析软件 SAS 的顶尖专家，终于从美国"海归"上海了。

　　如今，已是上海社会科学院互联网研究中心主任、上海市信息办互联网中心特约顾问、市信息学会会长、上海天律信息技术有限公司董事长的黄晖，在上海的事业渐入佳境，一步步跨入人生的黄金时代。

早年留学去美国

　　1960 年，黄晖出生于湖北大冶，16 岁那年，以中国最后一届"工农兵大学生"的身份进入湖北师范学院学外语。1983 年，黄晖考入北京外语学院英语研究生班。1985 年，去清华大学外语学院任教。两年后，他又考取北京外语学院许国璋教授的博士研究生攻读语言学。1989 年，博士尚未毕业的黄晖经许国璋教授的推荐，获得自费公派的名额，赴美国北卡罗来纳大学留学。黄晖特地加了一句："我是乔丹的校友。"

　　1996 年，黄晖获得博士学位后，即向位于新泽西州的鲁汶大学申请教授职位，很快便收到回复。在美国，取得硕士学位相对容易，要获得博士学位就比较难，而博士想当教授则更难。就拿黄晖申请的这个教授职位而言，同时有 260 多人竞争，最终黄晖脱颖而出。

开创互联网社会学

　　在鲁汶大学，黄晖第一个开设了"互联网社会学"这门学科，成为美国"互联网社会学"的先行者。授课对象主要是本校社会学系和计算机系的学生，后来，其他学校的学生也慕名而来。黄晖足踏文理两科，甚至还为鲁汶大学建立了计算机实验室。他的讲课深入浅出、生动活泼,深得学生欢迎,曾连续两年被学生评为"全校优秀教师",他的照片也因此被挂上学校的"荣誉大墙"。作为一个外国人,这样的荣誉是来之不易的。

1999年,美林证券看中已是鲁汶大学终身教授的黄晖,有意聘他为一个部门的副总经理,开出的年薪是12.5万美元。当时,鲁汶大学终身教授的年薪最高不过6万美元,面对几乎翻一番的收入,黄晖怎能不动心? 当他向校方提出辞职的意向时,校长下令尽一切可能、不惜一切代价挽留黄晖。在学校的一再挽留下,黄晖留了下来。

黄晖庆幸当初的选择,他说,如果去了美林证券,或许就会在纽约世贸大厦一幢20多层的大楼里上班。"9·11"时,世贸大厦倒塌也危及此楼,"那样我也许就回不了中国了。"黄晖心有余悸地说。

如今创业来上海

2001年7月,黄晖果断放弃安达信公司的高薪,只身一人离开生活和工作了十多年的美国,回到正在蓬勃发展的上海,开始了人生的第二次创业。"感觉自己在美国的事业已达到相当的高度,再要往上走的空间不是很大。还记着临出国时许国璋教授告诫的一句话:你一定要回国。所以出国十多年,一直保存着中国护照,没有申请加入美国国籍。当时上海正在鼓励留学人员回国创业,而自己对上海一向十分关注,经常通过网络了解上海发生的变化,对上海心向往之。以自己的性格而言,一定要选择最有活力的地方工作。在美国,我和太太还有孩子一家三口居住在费城对面的一个小城市,环境幽雅、生活安逸,但那个地方却没有什么活力。"

黄晖在美国住的是一幢有九间套室的小别墅。刚归国时,他住在杨浦区的一间老式公房里,总共才九个平方米,一住就是三个月。那时正是上海最热的季节,每天晚上,他都要忍受三种声音的折磨:邻居通宵麻将的"哗哗"声、走廊里两对门的"嚷嚷"声,还有不少宠物狗的"汪汪"声。如此居住环境自然使他的生活变得十分艰难。但住了一段时间后,黄晖的想法有了变化,他说,自己是学社会学的,这样的生活又何尝不是一种体验呢?他也由此对上海得出第一印象:光从整个城市的外表看,上海已不比世界上任何一座城市逊色,但深入内部看就会发现,在一些社区的公共管理上,与发达国家相比,还有不小的差距。但他相信,上海必定会成为全世界最有希望的城市。

愿为家园作贡献

黄晖谈了自己刚回来时的一次碰壁经历。当时,上海的一所著名大学愿意接受他,但在具体安排工作时却拖了两个多月。据说校方与院部讨论了又讨论,一直没有下文。那时确实不太顺利。黄晖说,要不是归国留学生人员服务中心的汤主任在关键时刻出面挽留,并热心地将他的材料推荐给一些用人单位,自己可能就打退堂鼓回美国了。

后来,上海社会科学院和市信息办对他展开了"人才争夺战",他最终进入社科院,一手建立起互联网研究中心并被聘为主任。黄晖表示,自己回归上海的主要目的之一,是将自己开发的一套情报分析软件产业化,并尽快产生市场效益,所以他又以一般民营企业的形式,注册了自己的信息公司。

由黄晖参与建立的"城市信息化测评系统"已被国家信息产业部认定为国家标准。为这一标准配套服务的"城市信息化测定软件"也已问世。

在上海拿的工资,比之美国安达信公司 10 多万美元的年薪,可以说是天差地别,但黄晖还是干得不亦乐乎。他说:"上海是我的家园,为自己人做事情同为别人做事情的感觉完全不同。"

曾和平：沉浸光谱奇学中

　　华东师范大学校园的西北角，有一个由教育部认定的光谱学与波谱学重点实验室，它由七八间面积不是很大的小房间组成。环境是净化的，换了鞋才能进去。一台设备一间屋，不少仪器是崭新的；有些刚从国外引进，正在安装调试之中。什么光子呀，量子呀，光速呀，微纳米呀，即使有人讲解，参观者也摸不着头脑。

　　实验室引进的海归博士、"长江计划"特聘教授、中科院高级访问学者曾和平，正在埋头调试那台超短飞秒激光系统仪。他一面摸弄着仪器，一面慢吞吞地解释，微笑着摇头，不经意地流露出腼腆的样子。小曾从澳洲回来，他长期从事光学研究，已成为同业内小有名气的学科带头人。

顶尖学科拔尖学子

　　作为实验室的科研骨干，曾和平主持或参与了上海市"电磁波谱学"重点学科、教育部"光学与量子信息学"211 工程等建设，以及诸多国家自然科学重点基金、教育部科学技术研究基金、国际合作项目等专项课题研究。他在各相关国际前沿课题研究中取得了一系列具有开创性意义的研究成果，并且在国际著名学术期刊上发表论文 40 多篇，被各国著名学者引用100 余次。其科技成果已申请美国专利 4 项，中国专利 6 项。他还获得过日本科技厅研究基金奖、日本科技振兴会基金奖、德国马普协会基金奖、中科院院长奖、大恒特别奖等。

　　在非线性光学研究中，曾和平已研制出一种新颖有机聚合物，观测到其光学非线性效应、光限制效应以及光导电特性等，并且研制出一种新型的掺富勒稀的固态光学材料，还观测到巴基球的非线性光学效应等。在量

曾和平

子光学方面,他研究了激光场与冷却粒子的相互作用及其量子干涉现象,
发现利用量子光场可操纵玻色—爱因斯坦凝聚等现象。他的一系列研究
成果受到国内外同行的普遍关注。

此外,在量子保密通讯上,主要以量子物理规律来确保密码在空间系
统与光纤系统的传递中不被第三者所窃取或更改。曾和平通过实验实现
了量子保密通讯的演示系统,发展了系统实用化中的关键技术,并提高了
通讯密钥的传递速率,以降低通讯中的量子误码率,并在此基础上着手对
超快激光技术在特种光子通讯中的应用研究。这一研究已获得国家 973
项目重点投资与上海市重点学科项目投资两项资金资助。

平常心态非常努力

1966 年 8 月,正当全国一片"火红"的年月,曾和平在湖南邵阳县一个
普通农民家庭出生。他在与泥土的交往中养成了朴实、憨厚的性格,以及
面向大地发问、朝着天空思索的习惯。在简陋的砖土教室里,他念完中、小
学,高中毕业后,他更以优异成绩考上了北京大学物理系,成为当地农村数
年一遇、百里挑一的"乡才子"。北大毕业后,他来到位于嘉定的中科院上
海光学精密机械研究所,成为著名光学家林福成研究员名下的硕博连读

生。在林教授的指导下,他逐渐加深了对激光物理技术的兴趣,先后两次取得中科院优秀硕、博研究生奖。1995年,他在光机所取得了理学博士学位。

不久,由林福成教授推荐,曾和平作为光机所的访问学者,被派往德国马普量子光学研究所,跟随上海"老板"(导师)的"老板"瓦尔特教授,进行激光冷却及相关技术项目的合作交流。一年后,他获得日本科技振兴协会基金资助,去京都大学物理系,与国际著名激光学专家薮崎努教授一起,从事原子在超流液氦中的激光谱研究。1998年,他又去仙台日本理化学研究所,与濑川勇三郎教授一起进行量子阱结构的非线性激光谱研究。1999年年底,作为"长江计划"特聘教授,曾和平来到华师大物理系光谱学与波谱学实验室工作。他谦和地说,很遗憾,这"玩意儿"的研究正在进行中,还没得到什么大奖呢。

不同遭遇同样感受

曾和平拍了几下脑袋,然后开始回忆起来:"其实在德国与日本期间的工作很平常,也很简单,但从东西方不同的文化背景去体会,确实都给自己留下十分深刻的印象。"

比如说,德国那位瓦尔特教授的工作极其认真。到马普研究所报到的第一天,瓦尔特就让助手陪同曾和平与两位中国去的教授一起参观他的实验室,从早晨8点起,一直到晚上6点多才结束。实验室环境之宽敞优美,设备之先进,数量之多,使曾和平大饱眼福。第二天一早,瓦尔特就叫他的秘书打电话来询问参观后的感受。平时,瓦尔特总是忙得不见人影,但他有时也会利用星期六请曾和平去他的办公室进行学术讨论。在德国,一般人都绝对确保周末休息。

在日本,薮崎教授对曾和平的关心可以说无微不至。除学术指导外,薮崎教授还经常派他的学生帮小曾当日语翻译,解决日常生活中遇到的困难。一次,曾和平的妻子难产住进了京都大学附属医院,薮崎教授知道后,马上打电话去医院招呼"请多关照"。这个电话果然很管用,医院立刻派出刚从美国留学回来的妇产科主任亲自到病房里来诊脉。不多时,小曾妻子疼痛两天的"难题"解决了,一个小宝贝在那里诞生。薮崎教授还特意让曾和平休假十多天,照顾妻子和小孩。

来回奔波几头忙碌

曾和平经常去澳大利亚进行合作交流。悉尼大学化学院彼特院长与鲍布教授也很关心他。鲍布教授亲自开车到机场迎接,陪大家选房、购物、安排生活等;彼特的妻子是悉尼一个社区的区长,经常和这帮子远道而来的中国朋友一起出去玩。平时,彼特夫妇与鲍布夫妇还经常请大家一起吃饭。

曾和平说,他在上海工作得非常愉快,这里的环境很好,大家互相帮助,心情十分舒畅,干起活来特别有劲。遇到问题,大家一起讨论,有事抢着办,从不计较个人得失,也不相互推诿。

时俭益：一代代数双博导

由上海华东师范大学、天津南开大学的博导时俭益创建的仿射外尔群符号型概念，已被美国组合论领袖斯坦勒教授命名为"时排列"，这一创新的数学对象已成为当今国际组合数学领域的研究热点。

留英博士时俭益教授在世界代数学界声名卓著，他所研究的考克斯特群的胞腔理论是当今代数学研究的重点方向之一——"卡茨当—罗斯蒂克理论"的核心。

柔性流动中提升价值

时俭益作为上海华东师范大学数学系专职教授、博士生导师，被天津南开大学特聘为讲座教授。留英回来以后，时俭益又多次应邀以访问学者的身份，到美、法、日、德、匈、澳、加等国进行学术交流，并且获得多个知名奖项。

2001年国庆前后，南开大学特聘代数教授万哲先院士从天津打电话来问时俭益是否愿意到南开去，并说，如果调过去的话，可以享受"长江特聘教授"待遇，如果关系不转过去，那么作为南开的特聘教授，实行"柔性流动"也可以，"长江"待遇年薪达数十万，"柔性"待遇每月也有上万元。时俭益回答说，"长江"待遇不考虑，"柔性流动"倒很有兴趣。到了年底，南开大学副校长、南开大学组合数学研究中心主任陈永川教授又亲自打长途来与时俭益落实。后来，陈校长、万院士与中国数学界泰斗陈省身三位教授，分别向南开大学写了三封"关于邀请时俭益教授来南开当特聘教授的推荐信"。时俭益在请示华东师范大学领导后，欣然接受了这一充满友情的"柔性"邀请。

时俭益笑着说,他每年有一半的时间去天津,主要为南开大学的研究生上组合数学课,帮助陈教授带一名研究生,另一半时间则在上海。南开的学术气氛浓,科研环境很不错。

将数学作为终生理想

时俭益出生在浙江慈溪市,5岁时,随父母来到上海。他从小喜欢数学。1974年,时俭益去华东师大历史系读书,毕业后,由于成绩优秀被留在了学校图书馆古籍组工作,负责整理馆藏30多万册线装书。1976年,他又去上海图书馆古籍培训班进修版本目录学,得顾廷龙、潘景郑、瞿凤起等多位专家亲授,学会了鉴定善本书的来龙去脉。一年后,他回到华师大图书馆,潜心整理线装书。他明心见性、通儒达典,深得古籍专家周子美教授的赞赏。

恢复高考后,时俭益经常帮助别人解答数学难题,此时,再次激发了他少年时代当一名数学家的理想。于是,他从学校里借来一大堆书,重新拿起了数学。半年以后,他以初试第二名、复试第一名的成绩考上了本校数学系研究生,成为著名代数学家曹锡华教授的入门弟子。

1981年,时俭益通过硕士论文答辩后,赴英国考文垂市瓦瑞克大学,在国际知名代数学家卡特教授指导下攻读代数群表示专业的博士学位。导师把证明国际代数权威罗茨蒂克的一个猜想作为时俭益的研究方向。时俭益准备了大量资料,闭门苦读半年以后,在学术上大有进展。第二年春天,导师带着这位新来的东方学子一起参加全英数学年会,并且为他介绍了从事同样课题研究的威尔士大学毛立斯教授。当年暑假,时俭益应毛立斯教授的邀请,去威尔士大学数学系作学术报告。

听从指导走出创新路

报告结束回校,时俭益发觉,如果要把这一课题继续下去的话,在研究方法上必须有所创新。他开始探索一种新的研究方法,但心里底气不足,不敢与导师讲明。他一面用导师指导的方法继续研究,一面尝试着自己的创新方法。不久,导师发现了,并问他课题的进度怎么减慢了,于是,时俭益不得不把心里的想法向导师摊牌,说,如果继续使用导师建议的几何方法研究的话,可能会得不出结果,他正在尝试以代数方法来研究这一课题。导师听了以后,不但没有责怪,反而非常支持他的这种大胆设想。三个月以后,课题的难关被时俭益攻破,他终于从自己的创新道路上走了出来。

1984 年 10 月,时俭益通过博士论文答辩。后来,他的博士论文被导师推荐到德国斯伯林格出版社,作为专著编入全球著名的"数学演讲录丛书",成为这一领域的经典文献。1985 年春,时俭益如期回到华东师大数学系工作。三年后,时俭益又去了美国,在爱因斯坦工作过的地方——普林斯顿高级研究院担任数学所研究员。在那里,他遇到了数学大师陈省身以及代数学权威罗斯蒂克等国际著名学者。在国际数学家大会上,罗斯蒂克对时俭益的研究工作进行了高度评价。此后,时俭益多次应邀去海外讲学,多所著名大学的数学系主任想挽留他,但时俭益总是婉言谢绝,准时回校。

在科研中不断攀新高

上世纪 90 年代以来,时俭益先后主持了多个国家自然科学基金项目和国家教委高校博士点的研究课题,并一直在国家重点项目"量子群与代数群"和"群与代数的表示理论"的课题中担任主要研究员。1995 年 5 月,有一位从北京回来的朋友对时俭益说:你不久将要获得大奖!时俭益听了半信半疑,也想不出自己会得到什么奖。8 月中旬,时俭益接到北京求是基金会发出的通知,他被授予首届"杰出青年学者奖",奖金是 4 万美元。获奖人选不需要各地申报,而是由陈省身、杨振宁、周光召、李远哲、简悦威五位顶级学者根据国内数学、物理、化学、生物医学各学科的最新成果而确定。

时俭益的几十篇论文几乎全被世界权威刊物所收入,他还为国家培养了多名博士生和硕士生。其中,席南华与杜杰两位博士已成为国际数学界颇有影响的知名学者。

张　经：长江学者战大海

张经的实验室在华东师范大学河口海岸所的五楼。平时,除了学校与宿舍,他满脑子装的都是海水、大气和沉积物,甚至与别人打招呼时眼前也会一片茫然。

从地中海到长江

张经于 1988 年 6 月获法国居里大学博士学位后,即参加中、法和中、荷、法两项长江河口生物地球化学过程的国际合作计划,并在巴黎高等师范学校与荷兰海洋研究所做关于海洋生物地球化学方面的博士后研究工作。张经加入了欧盟关于河流—海洋系统的 EROS - 2000 科学研究计划,针对天然与污染物质通过大气与河流向地中海输送进行对比研究。他还详细地研究了罗纳河中营养与痕量元素向地中海输送的通量变化,以及这些元素在河口淡、咸水混合过程中的变化等。

上世纪 90 年代,张经回到祖国,在青岛海洋大学化学系开始了对江河海洋生物地球化学的研究,从此在这一领域开创出一片新的天地。无论在实验室还是在海上,他都要很晚才休息。在河口海岸国家重点实验室,他的灯光经常是最晚熄的。平时,他经常在学生食堂刷卡就餐,每天工作长达 16 个小时以上,全身心投入科研和教育之中。

2001 年 4 月,张经教授作为国际有害赤潮生态学及海洋学研究委员会的中国委员成功地在上海举办"国际有害赤潮生态学及海洋学研究学术讨论会"。来自 11 个国家的 17 名专家应邀出席,充分显示了张经在国际上的学术地位。美国海洋湖沼学会执行主席Ed. Urban博士说:张教授是一位他所见到非常专业的中国科学家。

张经则时常笑着对大家说："我们所做的科学研究一定要瞄准国际前沿水准,科学家虽然有国籍,但科学是无国界的。"他曾先后获国家教委科技进步二等奖,参加或主持包括国家自然科学基金委员会、国家杰出青年科学基金、国家科学技术部及中德合作等项目。他已在国内外重要学术刊物上发表论文百余篇,其中多篇被 SCI 收录。张经还主编中英文专著多部。

向大海深处探秘

2001 年 5 月,"东方红 2 号"科学考察船完成调查任务后,正快速返航。归途中,大家正高兴地打点行装。船行至长江口以东海面,张经在观察海面时发现赤潮,他当即指挥停船采样、测试。又一类特殊的海水滴入试管。张经说,在海洋科学的研究中,对采样海水的防污要求非常苛刻,必须极其严谨地进行。

海上遭遇风浪,成了出海人员的家常便饭。秋季出海考察,还会碰上寒流和台风。2000 年 10 月底,张经所在的科学考察船"东方红 2 号"一驶出青岛港,就被南下寒流伴随的大风大浪所困,每日风浪在 7～8 级。一般的航海船只此时多半停航或是进入避风港,然而,对海洋考察来说,却是获得大风大浪下海洋状况科学资料的大好机会。张经特别关注此时由于海水强烈混合作用而导致垂直水层溶解氧、水温、叶绿素等剧烈改变的状态。张经主张,增加观测内容和次数,并在不断颠簸起伏、来回晃荡的考察船上向波涛汹涌的大海投放 CTD,同时,他还根据 CTD 即时传上来的数据确定水样的采集深度,再帮助其他科研人员采集、过滤水样。更为艰险的是在大风大浪中投放深水采泥器。每次投放经常要反复多次,张经始终都冲在最前面。为了采集到高质量的样品,他与同事们在十分险恶的条件下一遍一遍地坚持着,在汹涌澎湃的波涛依托下向大海深处探险。

与惊涛骇浪拼搏

每次出海前,张经总要求研究人员对所设计的内容进行反复论证。他经常说,决不放过实验计划中任何不确定因素。2000 年 10 月,在"973"黄、东海航次的科学调查中,张经带领课题组成员对原已定稿的实验计划进行反复推敲，互相审查各自研究中可能出现的问题，从而确保了计划的万无一失。

途经黄海中部 E2 站时，正逢 7～8 级大风。科研组正在进行海底锚系实验，放入海底的实验仪器三脚架上有一台先进的海洋科研仪器。由于风浪太大，锚系的绳索缠绕在了考察船的螺旋桨上。为防意外，割断了绳索，投放的实验仪器随即脱离了控制。张经与同事们冒着生命危险，顶着狂风巨浪，一次次地搜寻打捞。

晚间 9 点左右，船上收到的最新气象预报显示，考察船正处在"象神"台风将要经过的路径上。一下子，船上的人们紧张了起来。船长命令：结束作业，返航避风。张经凭经验，要求大家加固实验室仪器设备，避免损坏。当时船舱温度高达近 40 摄氏度，科研人员尽力把高达百万元的流式细胞仪用绳索加固在实验台上。张经冒着高温用绳索把仪器箱捆了一遍又一遍。果然，第二天早晨，科学考察船遭遇了 11 级的大风浪，船体剧烈摇摆，实验室和船舱的一些物品七零八落、散乱一地，而已被牢牢固定的仪器设备却未遭损失。经过三天三夜与台风惊心动魄的搏斗，在距离台湾基隆 20 海里的海面，科学考察船终于胜利调头北上，战胜了台风。

新克勒

海归英才

刘卫东：他向管理要效益

刘卫东拥有"杰出青年"、"新长征突击手"、"服务明星"、"三学状元"、"科技功臣"、"劳动模范"、"优秀党员"、"高尚医德奖"等不少浦东新区或上海市的荣誉头衔。在浦南医院院长办公室，笔者终于见到了这位年轻的海归院长。

浦南医院院长刘卫东是浦东新区引进的第一位医学博士、第一位海归院长、第一位日本大阪医科大学神经外科专业毕业的中国籍临床医学博士，也是上海市卫生系统"百人计划"的第一批入围者。除院长外，他又兼任神经外科主任，而普通老百姓则称他为"能不打开颅骨开脑子的脑外科专家"。

巧手练出硬功夫

神经外科是浦南医院发展的重点专科，为开展高难度手术，医院配置了最新型的专科医疗仪器，如 MULLER 手术显微镜和全套显微外科手术器械、立体定向仪、超声刀、神经内窥镜、神经导航仪等。这些现代化医疗器械使手术定位准、创伤小，可以很好地保护正常脑组织，使病人不留后遗症，为扩大手术适应症开辟了广阔前景。

刘卫东每使用一种新器械，均能掌握自如，驾轻就熟。他的"巧手"和"硬功"是在长期手术实践中练就的。由他主刀的颅脑手术已达两千次之多。自担任院长，刘卫东除了从事行政管理，仍然坚持每星期四天做业务，其中包括半天专家门诊、一次总查房和一天业务学习，此外，还要开三四台手术，并参加院内外各种专家会诊。

专为病家谋幸福

刘卫东的医术、医德在社会上颇有声名。

在一次社区居民联席会上,当刘卫东介绍浦南医院专科特色时,一位60多岁的老人当场站起来,向大家现身说法。原来,这位老人曾患脑肿瘤,部位很深,若采用传统方法进行手术,很容易伤及周围正常脑组织,危险性很大。刘卫东从他的口腔上颌部位打开一个"钥匙孔",插进一根神经内窥镜,很快就把肿瘤切除了。会上,这位已经康复的老人朝着刘院长直跷大拇指。

一位中学老师站在讲台上课,总感到腿发软,开始以为是站立时间长过于疲劳所致,休息后却不见缓解。刘卫东得知后,认为其神经系统可能有问题,经 CT 检查,果然发现其脑部有一个不小的肿瘤。一位妇产科医生,偶尔在给病人开刀时闻到一股强烈的异味,到处寻找也没发现原因。护士无意中当笑话讲给刘卫东听,他立刻敏感地推断这位医生有幻嗅症状。经检查,这位医生果然患有蝶骨嵴脑膜瘤。其实,并非刘卫东有"神机妙算",而是因为他有扎实的理论基础与丰富的临床经验。

一天,刘卫东回家时看到一位邻居老太在哭。他问老太为什么哭。老太说,她的老头子肺部感染,高烧,下肢瘫痪,小便淤滞,刚刚接到医院发出的病危通知。刘卫东马上跟着老太赶到医院。经检查后发现,这位老人患脊柱肿瘤。刘卫东亲自为他做了手术切除,12 天出院,现在生活一切如常。刘卫东谦和地说:"救死扶伤属于医生平常之事。"类似的案例不胜枚举。

向管理要效益

刘卫东同时打开两台电脑,指着屏幕上的示意图,充满自信地说,他的电脑里有医院管理信息化、办公自动化、病历图像化三个系统,他可以"足不出户"地了解到医院中每天、每个科室,甚至是每位医生或病人的任何情况。平时,他就是通过这三个系统来检查各项工作,阅读各类邮件,发布各种批示,对整个医院实行科学化、现代化、网络化管理。"向管理要效益"是一句经常挂在刘卫东嘴边的"口头禅"。

后勤改革社会化

"年报制度"是现代企业管理中的常规做法,但在国内,医院发表年报的做法几乎没有见过。在刘卫东的指导下,自2000年起,浦南医院每年对外公布一份年报,收集、汇总和分析全年各项统计数据,全面反映医院各部门工作业绩,成为评价工作成效的依据。《浦南医院年报》对外发送后,得到了同行、专家、政府部门的充分肯定,同时也为医院与同行、社会之间架起了沟通的桥梁。

"医院后勤社会化改革"也是刘卫东率先推出的创新之举。刚到浦南医院,后勤部经常送来一大沓发票单子让他签字,水费、电费、煤气费、垃圾清理费……这些单子从来没人进行核实,送来多少凭据就得交多少钱,当院长的哪有精力细心计算这些日常开销呢?一次,他巡视工作来到锅炉房,值班工人整整脱离岗位40分钟不知去向,让他惊了一身冷汗,"这样重要的岗位没有人坚守,如果出事,后果不堪设想!"后来,刘卫东大胆地把医院后勤委托给一家世界500强企业——美国Service Master物业管理公司驻中国分公司管理。

刘卫东说:"管理的核心就是去挖掘、激发人的特点和潜力。"医院后勤职业化以后,医院的日常管理日趋规范,消除或缓解了医患之间的矛盾,提高了病人的满意度;杜绝了以往的不少浪费现象,节约了许多不必要的开支;改变了后勤职工的形象,提高了自身素质;服务质量发生飞跃式进步,院长能专注于医院核心工作和未来发展的思考,不需要再为后勤事务操心。刘卫东笑着说,在经济承受能力许可的前提下,请内行人管内行事,比自己管要好得多,这就叫做"花钱买管理",值!

冯　波：新区第一医博导

他名片上的头衔不少：德国海归医学博士、同济大学附属东方医院内分泌科主任、研究生导师、浦东新区内分泌学组组长，等等。他在上海市内分泌领域独辟蹊径，初步建立关于糖尿病的治疗体系；他每天为病人需要而四处奔波，不事先约定很难找到；他的工作一直很忙，为新的规划，为研究课题，为病人安危……

上午 10 点，刚查完病房。在内科主任办公室，一位神采奕奕的年轻大夫正在研究生的材料上签字，他就是当年浦东新区引进的医学界领军人物、东方医院独立内分泌科的创始人——冯波。

曾经去德国取经

冯波 1964 年出生在湖北黄石市。1986 年从武汉同济医科大学毕业后，被分配到宜昌市中心医院内科。1990 年回到同济大学附属同济医院的内分泌专业从事研究，三年后，获得医学硕士学位。当时，他已经是湖北省内分泌学会的一名年轻会员，先后两次获得宜昌市科技进步二等奖，一次获得省科技进步三等奖。

1996 年春节以后，冯波自费去德国杜塞尔多夫市海涅大学糖尿病研究所深造，拜德国糖尿病学会主席谢尔保教授为师，继续内分泌学的临床研究。经过一年的努力，他通过考试取得了北莱茵州卫生管理部门的医疗许可证，可以在那里进病房、坐门诊，直接同当地的病人打交道。

德国预约才看病

说起德国的风俗习惯，冯波滔滔不绝：那里的人办事极其认真，有次一位教授要制作一张幻灯片,竟然把科室里的所有员工都请来,要大家一起提意见;那里的工作都很自觉,从来不开会,既不需要提醒,也没人来检查,大家对各自的责任都很清楚,完全靠自觉,包括接受培训;那里的各种讲座特别多,学习气氛非常浓,每个人都会自觉地去查找各类培训信息,争先恐后报名,自掏腰包付钱去听课;那里的医生、护士和病人口袋里都有笔记本,都有记笔记的习惯,看病都要事先预约,往往提前几天或几周约定,到了时间,如几日、几时、几分,不会出现误差;对于工作进度,也从来不会提前一天或者延误半天;研究课题全部都由学生自己命题,老师或者上级决不会干扰学生或部下。朋友之间一般不随便请客,大家出去聚餐,则各人自己付款;酒会上提供香槟、啤酒和一些小点心,主要是在一起尽情聊天;有时遇到同事晋级或者生日,大家会带上一些菜肴去他家举行派对;公共场所没人随便扔东西,也不会有人大声说话,如果在公交车上谁的手机发出声音,大家都会皱起眉头朝他看;那里的环保意识特别强,花草、树木、水果等都是保护对象,花园里的水果即使熟了掉下来,也没人去捡着吃,让它去发酵做肥料,如果要吃水果,都是到市场上去买;大街小巷到处是绿化,草坪上野兔特别多,从来没有人去抓,一次,一位坦桑尼亚年轻人抓到一只鸽子吃了,邻居的老太太发觉后举报,结果年轻人被移民局驱逐出境……看样子,除医学外,冯波在德国的其他收获也不少。

瞄准浦东拓发展

1999 年 3 月,冯波瞄准了祖国、瞄准了浦东这一片热土,毅然谢绝导师的再三挽留,接受东方医院的盛情邀请来到上海,决定在这充满希望的土地上施展才华。不久,他又说服已在德国获得医学博士学位的妻子也到浦东来一起开拓人生新篇章。

冯波海归多年来,在工作中不断创新创优、硕果累累,在医院众多青年医务人员中脱颖而出。他在临床医学中同样业绩非凡,尤其是在糖尿病急慢性并发症的诊断和治疗上形成特色,使内分泌性疾病的诊治水平大幅度提高,患者在院死亡率从建科前的 16% 下降至 2%,门诊就诊量从每月 800人次增加至 2 800 人次左右,提高三倍多,住院患者药物费用占总费用40% 左右,住院诊断符合率与患者病情治愈率均达到 100%,病床利用率达 110％，病人来源从过去单一浦东，逐步扩展到浦西甚至全国各地，平时床位经常不够，不事先预约就很难入院。

除承担日常繁忙的医疗工作外，冯波仍执著于临床科研。他主持承担各级科研课题，与其他医疗机构和相关科室合作进行联合研究，使临床医疗水平取得大幅度提高，又在医学核心刊物上发表论文多篇，多次参加国际、国内专业学术会议。

救死扶伤平常事

在冯波带领下，整个科室科研气氛逐渐浓厚，在医院内科论文评比中屡获第一。他还言传身教，指导下级医师、研究生和实习生临床工作，努力引进三级医院成功经验，提高科室的临床带教能力，使临床教学步入正规化道路。

有一年春节过后，19 岁的陈小姐由母亲陪同来专家门诊就诊。那位母亲拿出一家三级医院的病历卡，指着上面的诊断问："你们这里能看这种病吗？"病历卡上写着：原发性性功能不全、甲状腺功能衰退、Ⅰ型糖尿病。冯波看了以后说："最好马上住院治疗。"母女俩反复问了好几遍，呆呆地看着冯医生，将信将疑地走了。半个月以后，陈小姐的病情逐渐加重，每天晚上浑身疼痛难以入睡，终于由父亲抱着住进医院。当时，她的血糖高得惊人，瘦得皮包骨头，身高 1.70 米，体重只有 70 斤不到。冯波首先明确诊断，将前两项理由不充分的诊断予以排除，经过近一个月的综合治疗，陈小姐的病情明显好转，疼痛缓解，体重增加，血糖完全控制。出院后不久，陈小姐就能正常上班，并当上了一名幼教老师。她全家特意来到医院，将一块刻有"春雨润小草，生命重塑"字样的铜牌送给救命恩人冯波。冯医生笑着说，救死扶伤是医家的本分，平时不论在门急诊还是在病房，把病人从死亡线上拉回来，那时极其平常的事，不足为奇。

刘啸东：上证所里副外总

刘啸东衣着普通，有着一双明亮而灵动的"心灵之窗"。他坐在宽大的办公桌后面，因为实在太忙，短暂的访谈不断地被电话、签字、作指示所打断。刘啸东在交谈中时有惊人之语。他说："在如此重要的岗位上聘任一位外籍人士，自己可能是李德之后的第二例，挺不容易的。"

刚领到第 1 号"上海(B 类)居住证"的美籍华人刘啸东博士，以上海证券交易所副总裁的身份接受了采访。刘博士曾在美国居住近 20 年，但他一口普通话很流利，始终没有吐出半句"洋文"。

上海前景将更加美好

刘啸东认为："一个国家、一座城市如没有人才就走不远。但人才引进不能急，水到渠成自然会归来。美国一家证券公司老总的年收入可以有2 000到5 000 万美元，他们一天的收入相当于国内证券公司老总一年的收入。国外证券公司有股权激励机制，但国内却没有，如果待遇不落实，即使回来也维持不长。所以机制问题不解决，引进人才就是空话。"

刘啸东意味深长地说："任命一个外籍人士担任上海证交所的副总裁，确实很不容易。其实在这儿能干多少事、发挥多大作用并不重要，能待在这个岗位上，本身意义就非同寻常，能多待一天，就更多体现出这件事的重要性。来上海任职后，各级领导对我都很关心。像国家人事部、证监会、市人事局、市公安局、上海证券交易所等，对自己的照顾无微不至，使我深受感动。"他表示，对国内股市，自己一般不加评论，但有时为了证交所的利益就不得不说几句。他提出：上市公司要讲诚信，管理部门也要讲究诚信；证券业的游戏规则必须尽快完善，定下的规矩不能随便改变，且必须不折不扣地贯彻执行。

　　刘啸东暂时居住在古北新区。他说，上海的生活条件和纽约差不多，纽约可以买到的高档商品，上海全有，上海的五星级宾馆比纽约还要好。刘啸东认同自己是新上海人，他看好上海未来的发展前景，并希望上海开放的力度再大一点。

物理博士闯荡华尔街

　　刘啸东上世纪 60 年代初出生在河南郑州。1982 年，他于郑州大学物理系毕业，次年赴美国进入勘萨斯大学物理系深造。五年后，他以优异成绩毕业，并获该校荣誉奖学金；在他生日的那天，如愿戴上了高能物理学的博士帽。在新泽西州立大学当了一年博士后以后，他来到纽约州立大学石溪分校担任助理教授，这是美籍华裔科学家杨振宁博士所在的学校。

　　当年美国正在兴起一股资产管理的风潮，刘啸东与几位教授认为，完全可以将高等物理学的知识运用于金融投资，于是，便合作成立了一家资产管理公司。在教授们的游说下，一家英国公司拿出了几百万美元交给他们管理。刘啸东拿出钻研高等物理学时的聪明才智，很快地掌握了股票市场的基本原理，并设计出一套有关股票投资的数学模式。在成功运用于实战后，当年就替那家英国公司赚到了丰厚的利润。

　　刘啸东在股票投资上的天赋令老板惊讶，于是，老板想要和他签一份长期合同，并且要在合同上明确规定，如果两年内离开公司，不得与公司产生同业竞争，如不在合同上签字，就得马上走人。刘啸东估算了一下，如果签下合同，可在当年的红利中分到几十万美元；如果合同不签，老板有权将他辞退。几十万美元对于当时的刘啸东来讲，可以说是天文数字，但他权衡后，做出一个彻底改变自己人生道路的决定——拒签合同。刘啸东潇洒地走了，离开那家公司，也离开了大学，独自一人去闯荡华尔街。

　　从 1991 年开始，刘啸东在华尔街股市摸爬滚打，积累了丰富的实战经验，同时结合自己所学的各种原理总结出一定的规律。在公司工作期间，他从操盘手逐步晋升到股票投资业务的最高管理层。公司每年由他经手的交易额超过 100 多亿美元，且投资回报的比率名列全公司第一。

新克勒　海归英才

上海 B 类 001 居住证

刘啸东虽然加入美国籍,但心系祖国,曾为家乡贫困地区捐款,还为母校郑州大学捐了 10 万美元。然而,他最关心的还是中国的股市,时刻想为中国股市的健康成长尽一点力。机会终于来了。在中国驻纽约总领事邱胜云的大力保荐下,他得以海归祖国。他还记得邱先生为他"打包票"时说的那句话:"我了解刘啸东的为人,他完全可以信任。"他说,中国证监会对他非常器重,回来那天,领导问他有什么要求,刘啸东回答:"如果有要求就不会回来。至于收入,哪怕给我一块钱也行。"他微笑着说,"在美国,年收入可以拿到上百万美元,如果要计较收入的话,就不会到这个'清水衙门'来了。"

刘啸东说:"我的上海居住证是 B 类 001 号。上海市居住证的做法很好,主要是在感情上拉近了一步,把海归当成了自己人。其实在医疗、评职称或者子女教育等方面的优惠对自己并不重要,重要的是,拿到此证以后,自己就是'新上海人'了,感觉好多了,不但可以自己开公司、办实业,还可以在政府机关任职工作。"之前,刘啸东曾拿到过五年期限的绿色居留证,那是在上海市市长亲自关心下办的;而在美国,为了方便来回跑,总领事还破天荒地帮他办了一个无固定期限的长期签证。

徐　菲：保险业界小法师

"我是从来不接受采访的呀。"自从徐菲作为上海市三八红旗手标兵候选人的事迹见诸报端以后，来自媒体的关注日益增多，但她却一再婉言谢绝，并谦和地表示，千万不要报道她个人，自己所有的成绩都是在上海的变化中、在大家的帮助下一起努力的结果。

清瘦的徐菲沏了一壶上等龙井，不无兴奋地说，今天好像已有些精神了。然而，毕竟上午才拔掉"静滴"，脸色依旧苍白，嗓音还哑哑的，显然是由于劳累而病倒的。

管理创新露头角

徐菲说，她善于迎接挑战，变压力为动力，在管理中注重团队合作精神，根据市场发展的具体要求，提出新险种产、销、研一体化的创新模式，以项目管理为核心，把各种人才围绕新品开发组合在一起，从而有效地避免了技术秘方操作的不利因素，改变个别专家独立策划的做法，充分有效地调动和发挥项目组中每位成员的积极性和责任制，使每个产品在"出炉"之前，就具有强大的生命活力和广阔的发展潜力。

比如"输血安全保险"方案的设计，主要涉及有关民事赔偿的范畴，在项目开发时，注重实际效果与机制创新相结合，合理规范资源配置，让精熟民法的科员当项目主管，让原来的保险科长当小组成员，在具体操作中，从计划、经费到总结汇报，整个过程全部都由主管说了算。结果，这一险种因为有法律上的优势明显，在招标竞争中一举获胜。

徐菲认为，通过项目管理来开发人力资源，落实工作进程，取得创新效果，从而在事业的挑战中提高自己的工作能力，真正调整好心态，对今后的发展意义会更大。从实践到理论、从适应中改革、从变化中创新的"三从"运行观念,逐渐成了徐菲独到的创新管理模式。

金融保险创佳绩

虽然徐菲在上海滩的保险领域"小"有名气,但她为本市保险市场法制建设做了大量具有深远影响的工作。她是目前上海金融法制研究会最年轻的学术会员、上海高级检察官培训中心最年轻的客座教授,还是市委组织部干部教育中心举办的"知识与创新每月论坛"中最年轻的主讲专家,同时还担任了中国海商法学会理事、上海保险同业公会法律委员会主任和上海保险学会法律委员会主任。在公司里,她担任总经理助理兼市场开发部和法律部总经理,负责车辆保险、市场开发、再保险和法制建设等工作。

"三五"普法期间,她积极参与本市金融法制建设,独立编写上海市普法教材的保险部分。由她主持或参与开发推广的新险种有会计责任险、餐饮场所责任险、旅行社责任险、家庭装潢综合险、医院医疗责任险等20多项,年保费收入达5 000多万元,且年均增长势头强劲。她的《国际保险监管对我国的启示》一文在上海金融法制研究会论文比赛中获奖;《从房产抵押保险透视中国保险业》一文被《中国保险报》评为优秀论文奖;此外,她在各类专业性刊物上发表法律、金融、经济等文章30余篇,主持或参与编写《保险欺诈及其法律对策》、《金融法律基础知识》、《侦查思维方法》等专著多部。

追求知识学习迷

徐菲从小就迷上了读书,对她来讲,有了书就拥有一切,失去书就失去一切。一次,她参加学校举办的一个博士论坛,刚走进会场,就接到一个单位里打来的很不愉快的电话,心里非常难受,但当她作完演讲从主席台上下来时,心情已完全坦然了。她说,自己是一个经历了从计划到市场、从传统到现代等时代变革的新上海人,一直处在社会机制和体制的改革之中,既要面对现实,顺延、参与和体会这种变化,又要把握国内市场与国际规则、目前经济与现代化走向等客观规律,且敢于不断尝试创新之挑战。

1985年中学毕业后,徐菲从南昌来到上海,就读于华东政法学院法律专业。进校第一年，一次，她与一位男同学一起从中山公园经过，第二天一早，班主任就找那位男生谈话，告诫他上海人不要随便同外地人谈朋友。而现在，上海的各个单位到处是来自全国各地的口音，整个城市已经从观念和习惯上发生了根本性的变化。

1992年7月，获得法学硕士学位以后，徐菲被分配到中国人民保险公司工作，但她每天晚上仍然泡在书里，在各种学校举办的各类夜间培训班中继续进修外语、电脑、财务等课程，使自己走上了一条由实践上升到理论的路。为了使自己的思维与行为方式等更加国际化，徐菲还先后去美国、法国、英国、荷兰、比利时、以色列、印度、南非、中国香港等国家和地区进修学习。

2000年，她又回到母校，师从院长何勤华，继续攻读首届外国法律史专业博士学位。徐菲校勘的西方法学名著《拿破仑法典以来私法的普通变迁》已经出版，她的博士论文命题为"关于希伯来法的研究"，这些都是学术领域中很少有人问津的空白点。

孟晶磊：来回沪加求发展

　　加拿大《中华道报》报业集团董事长、首席出版人，渥太华中华实业公司、上海枫桥投资咨询有限公司董事长兼总经理孟晶磊率加拿大商贸考察团一行再次来到国内，对京、津、沪三地进行实地考察。

　　孟晶磊说，作为加拿大全新的华人传媒集团当家人，他每年会有三分之一至四分之一的时间，来上海开发各种新的合作项目；集团将一如既往地注重利用传媒优势，发挥品牌效应，在不断创新中谋求发展。

利用传媒优势开实业

　　《中华道报》报业集团利用传媒优势，在渥太华成立了中华实业有限公司，采用"一条龙"方式为国内企业服务，办理注册商标、进出口许可证，进行广告策划，建立营销网络等，专门负责中国产品打入加拿大以及北美市场。2001 年 7 月，《中华道报》报业集团在上海成立了枫桥投资咨询（上海）有限公司，孟晶磊担任董事长兼总经理。公司主要为加拿大的中小企业在中国的投资开展咨询，项目涉及造船、建筑、软件、加工、印刷、汽车配件等领域，资产规模超过 2 亿多元人民币。

　　孟晶磊认为，报业集团在异地办报，一定要实现所在地管理，而不是把做好的版样传送出去，只有将报纸的内容当地化，读者才会感到亲切，才会喜欢，才会觉得与自己是息息相关的，报纸的连锁发展才会有生命力。孟晶磊说，在海外经营传媒业不仅利润潜力十分巨大，而且世界舆论的效应不可估量。他还呼吁，国内有实力的报业集团与企业集团一定要联合起来打到外面去，不仅要抢占海外的华人媒体，而且还要进军西方的主流传媒，去兼并他们的股权，拓展自己的活动空间，提升国家地位，消除西方偏见，弘扬民族精神,让中华儿女在世界上扬眉吐气。

实现由理向文的转型

孟晶磊,1964 年出生在上海,不满周岁就去了青岛。上世纪 80 年代考入上海同济大学物理专业,毕业后留校执教物理。1990 年,他自费留学加拿大渥太华大学物理系,1993 年获得物理硕士学位,1994 年开始念博士。同年,他当选为渥太华地区中国学生联谊会主席,参加者主要是当地的两所大学和一个学院的学生与学者,成员多达 25 000 名,其中大部分是中国大陆去的留学生。联谊会每周举行一次小活动,逢年过节举办大型联谊活动,形式丰富多样,内容精彩动人。

中国文化在海外不能形成气候,尤其是传媒业在西方,绝大部分以港台为主,当时大陆没有人在那里做传媒。由于文化背景不一样,口味也完全不同。香港传媒追求时尚与娱乐,过多夸张明星,掺入粤语较多,文化水平不高;而台湾媒体商业操作明显,负面倾向不少,看了以后都令人很不舒服。于是,还在读博的孟晶磊利用课余时间,与三四个同学一起,在联谊会内部创办了一份会刊——《枫华报》。

《枫华报》的创办得到了中国新闻社的支持,许多新闻直接取自他们的第一手资料,还有不少在外的新闻老前辈参与。大家都是业余兼职干的,没有一人领薪水,但报纸已略有专业媒体的模样。报纸主要面对海外留学生,目的是想为他们枯燥的留学生活送上一份精神食粮,却也引起不少港台甚至东南亚老华侨的关注。报纸每月一期,全部免费赠阅;每次六七千份,全都一抢而空。

开创海外华人传媒业

1995 年 1 月,孟晶磊与合作者姚锦清总编一起到加拿大国家图书馆去登记注册了国际统一的报刊号,一份全新概念的《中华道报》在渥太华正式问世。形式面目一新,版面由 16 版扩大到 32 版,原来的月刊也变成半月刊,发行量随之突破一万,不仅在华人社区,在当地其他社区也产生了不小的社会影响。

在经营上,《中华道报》完全采用符合国际惯例的运作模式,报纸仍不收费,收入全部靠广告。报纸为客户提供整套完整的策划、翻译、设计、制作、咨询等服务,使新生的华语广告逐渐打开了洋人的市场,业务总量逐年上升。1996年1月起,《中华道报》变成周刊。1997年,《中华道报》创办温哥华版,1999年创办多伦多版,2000年又创办爱民顿版。至此,《中华道报》覆盖全加拿大从东海岸到西海岸的各主要城市,成了当地独一无二的海外华人报业集团。

在管理上,《中华道报》实行的是"统而不一、连而不锁"的指挥方式,即报纸风格、出版方针由总部统一调度,头版主要新闻、独家专访与评论由总部统一编发,其他版面的特色专栏则全都放开,实行当地化管理,由各分部独立运作,自负盈亏。这样,"四合一"的《中华道报》采用一个名称而各地相对独立,实现集团化管理并取得形散而神不散的效果,四地经营而又得到全方位的联动发展,使其消息面覆盖整个加拿大。"本周焦点"成为其品牌专栏,专栏作者遍及全世界,许多独家系列报道在全球引起反响,不少文章被中国大陆多家主流媒体转载。

新克勒

海派奇葩

陆志德：画坛奇葩辟蹊径

　　一幅限量印制且由作者陆志德亲笔签名的钢笔水彩画《今日上海》，被当作礼品赠送给各方来宾。作品浓缩过去、现在与未来上海滩上已有或将有的著名景观，集中展示了这位才华横溢的艺术家的精湛技艺和他对祖国对家乡的满腔热情。

　　中奥文化交流中心主席陆志德，是一位极具创意并极富活力的艺术家。近年，他那不中不西、亦中亦西的现代画，随着上海的改革开放，随着中奥两国、上维两地日益频繁的艺术交流而声名鹊起。

当年起步上海滩

　　陆志德 1955 年出生在上海。1973 年风雷中学毕业后，被分配到第一纺织机械厂当司炉工。车间门口挂着"锅炉重地，闲人莫入"的牌子，他日夜三班轮转，利用工作之余的间隙，夜以继日地练习速写。在"双批"运动中，他脱产搞漫画，接着便当上了工会专职宣传员。他经常到"中纺机"翻砂车间，看望正在那里"战高温"的刘旦宅、华三川、汪观清等画家搞创作，且拜刘旦宅为师，学习连环画。后来，又去长宁区工人文化宫美术小组进修。由于成绩优秀，被老师推荐参加上海人民美术出版社的首届工农兵连环画创作学习班。一年后，陆志德留在出版社创作室画连环画。1976 年春天，陆志德的作品《心意——纪念周爷爷》参加华东六省三市工人画展，并获得优胜奖。

　　1983 年秋天，陆志德陪同刘旦宅、陆俨少等画家一起去四川写生。成都、重庆、九寨沟的风景名胜，青城、乐山、峨眉山的秀丽景色，再加上老画家指点，陆志德不仅受到艺术熏陶，而且在未来目标、人生追求上都获益匪浅。1985 年，他被调往市外办所属《国际展望》杂志当美术编辑。1988 年 9 月，陆志德东渡日本，在东京日本语学院攻读日语。

到东京的第二天，他被学校送到高田马场的建筑工地拆脚手架，每天 5 000 日元，一共干了 10 天，赚了 5 万日元，在学校附近的十条区，租了一间"四贴半"的住房，在榻榻米上用门板架起了一张画桌。之后，他每天下午去东京银行当清洁工，工作之余继续他的水墨画创作。

初出国门闯东京

陆志德的第一次画展在东京银行展示厅举行。画展一共卖出 7 幅作品，得 30 多万日元，相当于当时近两个月的收入。不久，第二次画展在东京新宿画廊举行。一位古玩店老板以 24 万日元购得陆志德的一幅工笔人物画。后来，他逐步减少打工时间，将主要精力用在绘画创作上，还为那里的老人、妇女或儿童当家庭教师，教授中国书法和绘画。

一年半以后，陆志德转道去奥地利首都维也纳。1994 年 10 月，陆志德到维也纳后第一次"中国京剧"现代画展于亚非画廊举行，从此，他开始将中国传统文化带给那里的观众，并经常同西方的画家切磋交流。陆志德的第一个外国朋友是一位墨西哥油画家，他们经常探讨如何将自己的艺术风格融入欧洲。

"海梦"旋绕洛杉矶

陆志德无时不在追求自己的艺术个性，探索自己的表现手段，不论是聪颖灵动的钢笔画、婀娜多姿的毛笔画，还是色彩斑斓的水彩、水粉或油画，都富有中国画的传统情趣，同时也含有西洋画的现代风味。

2000 年元月 16 日，陆志德"跨世纪上海"画展在洛杉矶蒙市长青书局画廊隆重举行，1 000 多位来宾出席了开幕式。全场数十幅或抽象、或具象、或油画样式的国画或国画风格的油画，使来自世界各地的华人一饱眼福。当地上海人联谊会会长刘冰在题词中表示："看了陆志德画家的画，引起我对上海的怀念。"

画家笔下描绘的昔日上海，乌云密布、杂草纷繁，密麻的小巷，深沉的旧屋，给人以入木三分的思索；而今日的上海则阳光明媚、色彩艳丽，朝气

陆志德

蓬勃的东方明珠,充满生机的摩天大楼,给人以赏心悦目的享受;至于上海的未来,画家更是心裁别出、神奇梦幻,清水、绿化、游乐园,高架、飞车、展览厅,给人以充满希望的感觉。其构图饱满、透视多端,对比分明、疏密有致。陆志德对自然、对人生、对家乡的感情和对艺术的追求,从心灵到手段,从现实到理想,都得以继往开来的展现。

"国圆"亮相维也纳

抽象圆形绘画是陆志德对传统文化理论进行深入探索后所形成的独创之举,他以圆为载体,述说着自己对宇宙万物的感受与心得。陆志德认为,中国文化大多因圆而起,古陶鼎彝、甲骨金文无一不圆,传统绘画也是由太极图上的那根S线而产生,其中包含着开合与腾潜、进退与出入、含蓄与怒放、阴阳与明暗、起始与终结,万变不离其宗。书法的运笔要求圆笔中锋,传统家具多以圆柱组合,戏剧唱腔以圆润为贵,舞蹈旋律以圆转为美,各种传统的吉祥图案同样也以圆形为主……圆是美的核心。

2002年6月15日,陆志德以"中国圆"为主题的画展在奥地利首都维也纳皇家画廊举行。上百幅圆圈,个个精神出挑、别开生面。作者通过这些圆形图案的精心刻画,从当今多元化时代变革的角度出发,表达出对更高境界的探索与追求,以及对"道法自然"传统哲理和"宇宙与生命"客观规律的深刻理解。其中,阴晴圆缺的月亮、艺术与生活的甘苦、期望与追求的乐趣、现实与超然的主旨、色块与语言的交织等,均通过独到的现代派手法使这一传统命题得以充分展示,也使到场的观众拍手叫绝。

此后,他每年都要在那里以及世界各地举办各种主题的个人画展,并先后获得香港国际金龙书画大赛金牌、日本现代水墨画艺术大赏等世界级美术奖,且每年都要回家乡感受上海发生的变化,开展中外艺术交流。2000年年初,陆志德向奥地利法务部提出注册成立中奥文化交流中心的申请获得批准。此后,他逐渐将自己的工作重心移回老家,移到了中奥、上维两地的艺术交流之中。

郑　袆：充满动感陶艺家

　　大雨滂沱的下午，泰康路陶艺中心二楼。古朴的建筑结构，明快的色彩对比。从"你好、我好、大家好"的提示中走上去，便是香港陶艺家郑袆的上海乐天陶社所在地。

　　热情开朗的当家人极富动感，她身上穿着鲜红的工作服，不停地挥舞着双手，稍歇之后，拿出了一件"泽民年制"的作品。哇，绝了！不仅制作，更在创意，令市场上那么多"康熙"、"乾隆"之作黯然失色。

跳出框框学艺术

　　1963 年，郑袆在英国剑桥出生，祖父郑德坤是著名的考古学家，在剑桥大学历史系教中国考古学，父亲则是香港著名的调味品生产商。郑袆风趣地透露，除艺术外，她还能够鉴别古董、品尝酱油。她戏称，也许小时候曾掉进过酱油缸，皮肤才变得如此黑，思维的角度也发生了变化，经常会出现出人意料的想法。或许是从出生那天起，或许是从母胎里开始，郑袆就患上了"多动症"。她后来逐渐走上艺术道路，至今仍无时无刻不爱"动"。因为"好动"，她还特意为自己制订了"工作七不许"、"厕所七不许"、"交友七不许"等一系列行为准则。

　　郑袆会英语和汉语，能说普通话、广东话、福建话和上海话。她天资聪颖，小时候以当地的最高分考入香港最好的小学。但从进学校的第一天开始，她就没有静下心来仔细地听老师讲完过一节课，养成了一种有课必玩、有课必动的习惯，老师在讲台上讲课，她在课桌上做游戏，或小桥、流水、帆船，或大树、飞鸟、宠物，每逢得意之时，还会情不自禁地拍手叫好。

　　郑袆的英语成绩全"A"，每次考试全班第一，她的思维极其活跃，且很会说话,但语文课,尤其是中文写作,则经常吃"鸡蛋"。郑祎笑着说,汉语的语法和修辞太难了,而自己的主要问题则出在写别字。后来,她的多件作品,如《"闻花"大革命》、《自我"婶茶"》等的命名,还保留着这一绝妙的风格。

为人类奉献艺术

1980 年,郑祎去美国读书,从东海岸念到西海岸。1986 年,她在密西根州立大学取得绘画学和动物学两个学士学位后,又去旧金山市艺术学院钻研木雕工艺,1988 年获得雕塑学硕士学位。无论在香港还是在美国,无论在东海岸还是在西海岸,她始终喜欢独特、喜欢自由、喜欢动,比如一个人去游泳,在家里弹钢琴、玩电脑、弄泥巴等,常与众不同的方式参与学习,用飘逸神奇的视角观察人生,在运动中不断锻炼自己,且始终以艺术作为自己的第一生命。然而为了保护地球的生态环境,她毅然放弃了木材耗费量太大的雕刻艺术,将古朴、典雅、灵动的陶艺作为自己的选择。

1990 年,郑祎从美国带着西方的"釉"技回到香港,不久,加盟乐天陶社。之后,她的作品接连参加国际联展,且屡屡获奖。如今,她成了当代著名陶艺家、沪港两家陶社的当家人。香港乐天陶社有 6 位现场陶艺工作者,120 余名来自世界各地的学员;上海乐天陶社也有 3 名专职员工,30 多位兴趣学生。在沪港两地往返奔波中,郑祎全身心地为广大陶艺爱好者提供各种观摩和学习的机会,也为人们在紧张工作之余创建了一个能和泥巴对话的空间。历年来,郑祎的作品已为香港艺术馆、澳门美术馆、北京历史博物馆等多家单位收藏,并多次结集出版。

在这里体现艺术

这里的制陶设备从美国带来,这里的泥巴从世界各地精选而来,这里的"丑八怪"经过主人绝妙的构思,变成各具神态的艺术品……郑祎每天在这里一呆就是十几个小时,她经常对着电脑、对着助手、对着那些泥巴,不停地敲击、喊叫、拍打,没有一分钟停得下来;她常常一面接听着电话,一面同时与两位下手交谈;一个月之内,她会在沪港之间来回跑上两三个来回。

郑祎

2001 年 11 月,郑祎经上海大学美术学院陈光辉教授介绍来到泰康路,在这条新建的艺术街上搞起了上海乐天陶社。之后,作为沪港两地两家"乐天社"的总管,她又在香港和上海两地同时办起了两个展览会,一个是作为上海"申博"的呼应、在香港雅图轩画廊举办的"中国加釉"个人艺展,另一个是由她亲自策划、在上海乐天陶社举办的"正反"艺展。

"中国加釉"展中陈列着郑祎最近创作的得意之作,那些不经意的客观现实经过她的巧妙构思、独特造型,无不体现出艺术家关于"古今、虚实、真假、忠奸、安危"等的精辟哲理;而"正反"艺展则汇集了曾德平、黄国才、李文生、何兆基、梁志和、陈育强六位香港艺术家的绝妙佳作,虽然其中看不到一件出自郑祎之手的作品,但整个展览仍可从"好坏、阴阳、是非、天地、生死"等正反两方面,体现出策划者别具一格的创意。所以,论者以为,沪港两地这两个展览具有异曲同工之妙。

在流动中爱上海

香港中文大学美术学院陈育强教授为"正反"艺展专程赶来上海,他太喜欢上海了;香港艺术学院黄国才教授一个月里来上海跑了两次,希望下次再来能待上一年；香港理工大学设计学院曾德平教授，在"正反"展出期间，与上海大学美术学院谈起了两校之间的合作交流；多次来上海的李文生与梁志和教授也利用这次机会，在上海专门考察各种画廊；唯独何兆基没能赶来，但心里也惦记着上海……

郑祎说，她已经爱上了大上海，主要是喜欢上海的发展空间。上海人热情，对自己帮助大；上海的商店热闹，种类也多；上海的服务好，价位又低。比如在上海按摩，每小时花 30 元，香港则需要 300 元；她一家子在上海去饭店里吃顿午饭 100 多元，而在香港则至少要花 500 元；香港的乐天陶社场地只有上海一半那么大，房租每月近 3 万元，而上海乐天陶社的房租，每月 1 万元还不到；其他日常开销，上海只有香港的十分之一那么多。长期在香港，最多只能当个"小型"艺术家，而到了上海滩，则可以把自己锤炼成一名国际化大都市的艺术家。

童英强：沪上认质书法家

在不息书屋办公室，童英强指着刚刚写完的第 158 遍陆柬之《文赋卷》，津津乐道地说："写字在写心，只有心静了才能写好字；作品贵在精，除了用好笔墨外，用印、用纸以及装裱等都要讲究到位，这样才能产生出精品；发展是硬道理，书法也是如此⋯⋯"

上海紫珍堂书画院已悄悄地迁往静安区江宁路和一大厦，院长童英强停止参加一切社交活动，集中精力临完《中国书法墨迹大全》计 200 米长的巨幅手卷。

初出茅庐屡屡获奖

童英强，1958 年出生在上海的一个书香世家，祖籍浙江绍兴，但他从小在复兴中路重庆路巴黎新村的那幢旧式小楼里长大。祖父童立章是留法学者，归国后在申报馆当报人，又出任律师，工书法，富收藏；父亲童章，国语教师，亦善八法。卢湾区嵩山街道是近代海派艺术的发源地之一，早年上海滩享有盛名的"三吴一冯"，即吴湖帆、吴待秋、吴子深与冯超然等前辈艺人，时常出入于此。英强 6 岁起握笔临池，得其父训，初从"九成宫"入手，横涂竖抹、略成雏形，常持作品随父亲一起拜访同里邻人刘海粟、陆俨少、万籁鸣等，深得前辈赞誉。1978 年起，他参加市青年宫举办的第一届青少年书法班学习，每天晨练，周末前往听课，不论风雨寒暑，从未有辍；后又成为胡问遂的入室弟子。

在胡问遂的指点下，童英强深入钻研唐帖所以流畅、魏碑所以庄重的奥秘，尤其对"爨龙颜碑"、"张猛龙碑"及"二王墨迹"专攻不舍；继而博采诸家体势，以智永气骨、龙门笔力、褚遂良之容貌兼收并蓄，且提纲挈领，刚柔交融。他注重意在笔先,计黑留白,惜墨如金;创作时更讲究下笔理由,前呼后应,起伏到位。五年后,童英强的书艺推陈出新,渐成体统。于是,他开始参加各种全国性的书法大赛,在"兰亭杯"、"神龙杯"、"青藤杯"上拔得三次头筹,后又数十次获取金银奖、优秀奖、特别奖等各类奖项与证书,成了上海书坛最为年轻的获奖专业户,一时名起,作品纷纷为全国各地如四川、广东、新疆、内蒙、江苏、浙江等十多个省、市的博物馆征集与收藏。又五年,童英强每周为上海海关、团市委、铁路局、文化宫等九个书法班讲课,且多次应邀奔走于江苏泰州、丹阳、南通,安徽亳州,辽宁盘锦等十多个省市,讲授书法艺术。至此,他不仅每月收入不菲,而且艺名也日趋走俏。但到了1989年年底,童英强执意放弃眼前一切,东渡去扶桑。

抢滩东京频频亮相

童英强来到东京,在富士文化学院攻读日本艺术专业。课余,他带着厚厚的一大沓获奖证书去找工作,不数日,即得到天马企画株式会社董事长清水健司的赏识,答应他在其公司里任职。天马企画株式会社是日本著名的经营世界各国艺术品的连锁店,童英强在天马商场里负责中国艺术品的检验、审核、定价、上柜、保管等,每月薪水30万日元,且提供两室一厅的住宿。此外,童英强自己的作品也可以在商场里上柜销售,标价每幅5万日元起,最高达15万日元,所得收入由公司、老板、个人各三分之一。由于天马公司在日本的名声卓著,童英强写的作品又实在认真,深得当地各界人士的喜欢。如新日铁公司代表能势大臣、《读卖新闻》社长滨本良一、横滨市长高秀秀信等人,多次亲临现场,反复选购他的作品,最多时,一位日本客人一次性买下童英强的行书10条屏,共计150万日元,创下了中国留学生作品在日本市场上的最高纪录。

半年后,童英强在日本上野美术馆、东京银座金皇百货展览厅、横滨中华街天马画廊、琦玉美术馆、北方文化博物馆等连续举办了五次个人艺术展览,参加当地举办的日本书法艺术展数十次,在当地艺术界引起不小的轰动。童英强称,抢占日本艺坛的秘诀有三条:其一,自己的作品必须过关,要一丝不苟,认真对待,不能粗制滥造;其二,作者的心态必须持平,要注意入乡随俗,尊重对方,增加沟通理解,不能随心所欲;其三,是实行双赢

童英强

原则,先成人后成事,决不能斤斤计较,否则,将会举步艰难,甚至前功尽弃。

1992 年年初,童英强不顾众人规劝回到上海,创办了专门从事书画艺术创作、交流和经营的上海伊翔书画院,并且聘请高占祥、沈鹏、杜宣、谢稚柳、程十发等数十位知名艺术家为特邀顾问;1996 年深秋,童英强出资 50 万元人民币,在上海美术馆举办"伊翔杯"全国书画作品大奖赛,以奖掖在艺术上卓有成绩的后起之秀;2002 年 10 月,童英强通过国家文化部的专项评审,被授予艺术品价值标准认证资质证书。童英强说,在日本,自己虽赚到日币,却赔了艺术,而回来后,可以把两者反过来,否则,老是飘泊在外吃老本,每天忙于应酬,艺术水准难以提高,回国以后,自己可以尽情地去创造自己的事业,去深化自己的艺术风格,去做自己喜欢做的事。童英强特别强调,他的事业在上海,他要为振兴上海的书法艺术多做点事。

取号紫珍得气天地

上海紫珍堂书画院由伊翔书画院转名而来。所谓"紫珍",即得天地之气,具太阳与大海相融之色,含珍惜时间、珍惜作品、珍惜人品之意。全堂设计别具匠心,整个空间琳琅满目,泾渭有序:进门处高悬程十发、沈鹏、周慧珺三家所书横匾;客厅里挂着刘海粟、谢稚柳、沈柔坚多家题词,以及方增先、应野平、吴青霞各家作品;书房墙上布满了主人与杜宣、赵冷月、钱君匋等海上名人的留影;书架上陈设着各类图书典籍、文物古玩、紫檀雕刻等;书桌背后,整齐地排列着100多个由红木制成的小盒子,上面刻着高式熊、刘一闻、韩天衡三家大名,里面存放着他们篆刻的精品。在紫珍堂小坐,犹如进入近代海派文化博览馆,可以随主人尽情地享受底蕴独特的艺术氛围。

紫珍堂又名"不息书屋"及"和艺阁",前者体现主人坚忍不拔的求学毅力,后者则显示艺术家雍容宽厚的处世哲学。堂里还珍藏着历代名人的书画作品以及作者近年各式创作数千件。据主人介绍,每一位艺术家的成功都是在"从量变到质变"这条轨道上走过来的,他之所以对近现代各家的作品如此广收博览、精心陈列,一则为了得前辈灵气,融各家精华,二则也为了让自己始终贯彻认真、负责的作风。

郑伯萍：一举千里传海艺

　　静安区煌杰画廊宾朋满座，郑伯萍先生再次拿出面目一新的《郑伯萍画选》。他说，这本画册没有搞首发式，低调发行。郑先生的笔墨得之陈从周与俞子才两家亲传，是"大风"及"四欧"两堂的再传弟子。

　　上海南京西路鸿翔对面的郑伯萍工作室宽敞明亮、闹中取静，画桌上井井有条地安放着笔、墨、纸、砚，对面墙上三幅新作"水墨山水"空旷灵动、虚中有实。画中，张大千豪迈奔放，吴湖帆清越秀致，两位大师的遗韵跃然纸上。

三位画家和三位裱画师

　　郑伯萍从小学起就迷上了画画，他的美术成绩全校第一，课余喜欢独自外出写生；初三时，他拜著名国画家凌虚为师，经点拨，渐入佳境；到了同济大学，郑伯萍又师从陈从周教授研史习画。陈教授为张大千入室弟子，除建筑外，金石书画无所不能。郑伯萍一面认真学习国画艺术，一面聆听先生关于唐宋诗词、魏晋骈文、秦汉古文的见解。一到周末，郑伯萍便成了陈教授家里的常客。后来，陈从周被打倒在地、接受监控，师生间不得不暂作分离。一天，两人在操场上相遇，陈从周把郑伯萍拉到了厕所里，在飞马牌香烟纸反面写了一封推荐信，要郑伯萍去找吴湖帆大弟子俞子才学习山水技法。谁知俞子才此时日子也不好过，光凭一只"香烟壳子"，心里哪得安宁？好在俞子才的亲哥哥俞调梅留英归国后也在同济大学建筑系任教，又是陈从周的邻居，俞先生马上托其去陈家"外调"，得知郑伯萍"靠得住"以后，这才放心地收了这位"转门"学生。

　　除三位画家之外，郑伯萍还得益于上海博物馆徐茂康、华启明、窦治荣三位裱画大师。那时，郑伯萍经常去博物馆，在展览大厅看画，隔着玻璃不过瘾，于是，他特意赶到"后台"——裱画车间去参观，对那些揭开的历代名画进行"赤裸裸"的欣赏，曾亲眼目睹华启明装裱文同的《墨竹》、窦治荣装裱《马王堆帛画》的整个过程，不仅看清了其原来面貌，其用笔墨的轻重、起始与终末，而且还对其不同材质，包括正反两方面的性能、功效与适应方式等有了深入细致的了解。至此，他才对俞子才经常说的"画画时要微调笔锋"，有了更为直观的感觉。自己的画外之功，得到了有益且得天独厚的补偿。

一次画展及两种遭际

　　1981年秋天，郑伯萍在南京博物院举行第一次个人画展。这次展览是南京博物院院长来沪时，由陈从周先生专门向其推荐的。但在展览开幕期间，院长出国在外没能到场。当时，郑伯萍还是一名中学数学教师，初次到南京，第一次来到品位极高的博物院，其遭遇有点凄凉。他独自将装满画幅的箱子从火车站运到博物院，一个人在空旷的展览大厅里装框、挂画、打扫、布置。晚上，他独自去远郊的部队招待所住宿。布置完毕，他就回上海上课去了。

　　两周后，画展如期结束，江苏省文联主席李夏阳的贺诗发表在《南京日报》头版。郑伯萍如约再次赶到南京去取画。博物院院长派专人到火车站迎接，白天游玩南京的名胜古迹，夜间居住在美龄宫宾馆，进出全部由小车接送。当晚，李夏阳主席设宴庆祝郑伯萍画展取得圆满成功。南京大学校长、中国孔子研究会会长匡亚明也在座。匡校长还力邀郑伯萍加盟南大艺术系执教。可当时上海市还没有推出柔性流动的机制，郑伯萍考虑到自己家庭在上海而没有答应。郑伯萍将一幅青绿山水《黄山一线天》赠送给南京博物院收藏。此次郑伯萍个人画展的成功，使他在绘画之路上迈出了坚实的一步，也为他今后的从艺生涯奠定了基础。

两门艺术和三次出国

　　自1991年暑期起，郑伯萍应美国波特兰大学东方艺术系之邀，三次去那里讲授"中国绘画史"与"东西方绘画艺术比较研究"两门课程。之前，波

郑伯萍

特兰大学的东方艺术课全部由日本人统包,学校并不承担日本学者在那里的讲课费用,而由日本企业出资赞助。波特兰大学通过俄勒冈州教授联谊会交流部中国专务袁葆玲介绍,特意来上海找到了郑伯萍,希望他去那里帮忙讲课,费用全部由美方提供,形式是以访问学者的身份不定期地来回"流动"讲课。

学校采用密集型方式向学生进行集中"灌输",一则为了方便学生在短期内补足学分,二则也有利于强化学生的创造能力。那时,郑伯萍每天上午上四节理论课,下午要演示两节实践课,每班少则六七人,多则十多人。学生一般都是来自教育系的硕士生,学满180分后可以毕业,其中9个艺术分,9个体育分,如果这两项分数不修满,则不能毕业。不少学生带着对东方艺术的好奇心来学习。

一个系列的艺术课为三个星期。每次结业,总会有十来个学生事先商量好分工,每人带上一份熟菜、水果或者蛋糕,组织一个别开生面的小型午餐派对。学生依次向指导老师郑伯萍致辞答谢、唱歌跳舞、变些戏法或者演些小节目。结束告别时,每个人都会向老师毕恭毕敬地赠上一份贺卡以及小礼品。整个活动轻松自然,简朴随意,但都是发自内心的,使郑伯萍得到了无与伦比的精神享受。

一名教师和两张派司

郑伯萍当年就读于同济大学建筑系应用数学专业,在名牌大学的品牌专业中,他掌握了一套计算工程建筑中边界条件的本领。毕业后,郑伯萍被分配到中学当数学教师,他那一手"边界条件"的专长没能派上用场,但在高中数学讲台上,郑伯萍渐渐发现,那些天真活泼的学生,进校时的想象力特别丰富,而当毕业离校时,创造能力反倒降低甚至消失了。比如说,在少年绘画大奖赛上,那些初出茅庐的小朋友们的作品,人比房子大、树比蝴蝶小,真是天真烂漫、色彩自然、构图无定式,一无规矩却非常可爱。于是,郑伯萍对"如何实施素质教育"这一课题产生了兴趣。在任教毕业班期间,他班级的学生考试成绩和毕业升学率全校最高。1988年,郑伯萍被破格评上了中学高级数学教师。

1990年,郑伯萍调入上海大学文学院中国文化研究所,潜心研究儒、释、道三大传统的文化体系。期间,郑伯萍主持编写了第一本哲学著作、中国佛教文化丛书之一——《悟入丹青》。作品详细介绍了中国佛教绘画的昨天和今天,深得读者喜爱,此后多次重印再版,前后一共出了好几万册。由于原来的中学"数高"职称不能转为大学里的"文高",郑伯萍只得重新申报,三年后,他取得了大学美术专业副教授的高级职称。新的"上大"成立以后,郑伯萍被调到学校艺术中心,教授"艺术鉴赏"这一选修课,其中包括书法、绘画、音乐、舞蹈、摄影等。郑伯萍根据自己多年来的教学经验,提出"为了提高学生综合能力,理科学生一定要修满4个艺术学分,文科学生必须修满6个学分,才能取得毕业文凭"的建议,这一建议被写进了学校的教学大纲。

周京生：白石门人游上海

中国书画家周京生,齐白石大师的再传弟子,身怀书、画、印三绝技,来到上海滩以后,夜以继日地师古化今、奋力拼搏,静静地向着自己所设定的目标一步一步地迈进。

周京生工作室——上海豫园华宝楼南端、新华门东侧第一幢楼上第一间取名"浩雪斋"的书屋,逐渐热了起来。海上文人,多家媒体,晨曦夜灯,人来客往,这里每天热热闹闹。

古寺庵里出秀才

周京生出生在北京南烂漫胡同一座叫"水月庵"的古寺里,父亲满腹经纶,且精通琴、棋、书、画。周京生幼承家学,5 岁起,在父亲的指导下,每天清晨趴在八仙桌上练字习画,从临摹入手,吸取古人精华。小学年代起,周京生先后被同学们推选为少先队大队长、大队宣传委员、学校合唱团指挥、美术兴趣组组长、儿童广播站站长、学生话剧团团长等,他的综合素质在各项活动中得到充分锻炼。

中学毕业后,周京生去了黑龙江建设兵团,活跃于北大荒文工团,从事音乐、戏剧、作曲、摄影、美术等多项文艺创作。在郝伯义老师的指点下,他迷上了木刻版画。24 岁时,周京生的处女作入选全国美术联展。上世纪80 年代返回天津后,周京生又专门拜齐白石的弟子蓝云为师,多次走访齐白石的四子齐良迟,潜心研究齐派艺术,他的作品逐步染上浓重的白石风格,即"灵动的匠气"。1994 年夏天,周京生成了天津美术学院现代艺术设计系第一届本科毕业生。

刚出校园的周京生不依靠学校分配,不委托朋友介绍,凭借自己的实

周京生

力去外面找工作。在一家中外合资广告公司的人事部,他以一口流畅的日语应对面试,不多时,便获得公司公关部经理一职,具体负责公司的广告策划、业务联络以及市场开拓等。在承接一个广告项目的过程中,他借助伶俐的口才,与客户巧妙地周旋了三次,为公司赚到 300 多万元;在天津市南京路吉利大厦户外广告的工程中,他亲自跑到大楼顶上与工人们一起将大如锅盖的铆钉把灯箱安装牢固;由他设计创作的公司的"CI"、"VI"与"POP"等作品,无不充分体现出他中西合璧的艺术素养,且获得天津市最佳广告设计奖。

厚积薄发来上海

  1997 年春天,心中牢牢记着蓝云老师"艺术家必须走南闯北、兼容百家之长"这句话的周京生,毅然抛弃了天津的一切,背着一只装有《文心雕龙》、锋钢刻刀、自制鸡毫笔三件宝贝的旧挎包,独自来到了上海,开始了他的游艺生涯。刚到上海时,周京生在他的朋友陈尉先生的帮助下,住在浦东寿光路 161 弄里的一间一室户里。

  那年正值申城酷夏,炎热难熬。周京生每天清晨去仁和宾馆打短工,白天则往返南汇去教书，在仅有一只风扇的教室里与学生们一起战高温，晚上，在群蚊疯狂、热浪滚滚中搞创作。历经五年跌打滚爬之后，周京生体会到，艺术不应有南北两派之分，海派文化也并不仅仅指上海滩上的文化现象，而应当是一个能海纳百川的、多元文化组合交融的五湖四海派，是能体现中华民族传统文化灵魂之所在，其真谛在于"峰立千仞伸正气，海纳百川汇清流"。

独辟蹊径走新路

"浩雪斋"明亮但并不怎么宽敞，才30多平米的空间，既是周京生艺术创作的场所，也是他一家三口生活的地方。墙上挂满了作者最新创作的书画作品，其中一幅《陋室铭》最为奇妙：画面上似篆似隶又似楷，笔墨中有黑有白更有灰。人称是"多体书法"，实则是主人在上海生活的真实写照。周京生撩了一下头上那一缕现代派的长发，饶有兴趣地介绍，这是他品茶、读帖后一挥而成的得意之作，其中"平川出奇峰、珍珠落玉盘"等艺术效果，是运用现代艺术理念、结合古代书法技巧所营造出来的独特意境。周京生自号"大荒人"，其意为"曾度衣食荒、历经学业荒、远垦塞北荒"这三大荒。他力图在书画艺术上走出自己独辟蹊径的新路子。周京生说，艺术家贵在"真实"，搞艺术要讲究"和气、静气、正气"这三气，要创新而不失传统，新鲜而不媚俗，师古而不泥古。

来到上海后，周京生接到的第一个任务是上海中外文化艺术交流协会委托制作人民大会堂藏画仿真宣纸极限印刷品，其中有黄胄的《草原八月》、关山月的《江山如此多娇》、李苦禅的《盛夏图》。周京生使出浑身解数，使笔墨富有变化、线条刚柔相济、构图舒展自如，在他手下，作品气韵生动、形神兼备，效果浑然一体。

白石精神代代传

不久，周京生便成了汲古斋的注册画师。汲古斋画廊挂着的那幅金字楹联，即"汲古咀华融四海名士，古玩珍品飨五湖藏家"十八字，便出自周京生之笔，体现了他独到的艺术理念。周京生在上海以"游艺"为生，他最大的乐趣就是"传道、授业、解惑"，川沙、南汇、松江等郊区都留下了他的足迹;现在,他又被上大美院、轻工美院、商业职大等多所院校特聘为兼职美术教师;周末和晚上,他还在家里抽空带一些学生。他的学生中,男女老少都有,还有不少来自异国他乡的洋学生。

一天上午,周京生去古籍书店买书,刚要离开柜台,售货员王小姐陪着两位外宾笑着对他说:"周老师,这位泰国来的洁璞小姐想拜一位高师,要艺品高、人品好,书画教得也要好,还要能讲普通话,看来非您莫属。"洁璞小姐求知若渴,双方互作简短介绍后,周京生当场就收下了这位来自异域的徒弟。洁璞基础不错,学习也认真;周京生口授心传,以一套自创的教学方法,将水墨运色法与西洋绘画法巧妙结合,书画兼攻,双头并进。三个月以后,洁璞大得要领,气势逼人。洁璞在回国之前,给老师发去了一封热情洋溢的告别信,上面写着:"成为您的学生是我一生中的幸运。如果没有您教授的中国书画课,我在中国十个月的留学生活将是不完整的。在我的经历中,像您这样用整个心灵来教课的老师还是第一次遇到。"此时,周京生脸上露出了欣慰的喜悦。

罗敬频：海派新瓷第一窑

罗敬频中等身材，胖圆的脸上戴着一副金丝边眼镜。亲自在产品陈列室接待笔者。沙发前的一个炭盆烧得通红，四面陈列着大大小小的申窑精品，上面凝集着各路画家的各种神态；一张大开面的明式长方桌安放在中央，桌上除笔墨外，一方刻有北魏铭文的东晋砖砚尤为珍贵。

上海滩各类艺术品种应有尽有，但从来没有听说过出产"海瓷"。然而，新世纪以来，就有那么一位名不见经传的年轻人，特意来到上海偏僻的西北角嘉定江桥镇，创建起一家并不起眼的小公司，悄悄地生产出一种与众不同的海派新瓷器——申窑。

别开生面创新风

在思维文化公司所属申窑创作基地，聚集着陈家泠、俞晓夫、黄阿忠、马小娟、石禅五位沪上著名画家。

国画家陈家泠，曾以独树一帜的荷花饮誉海内外。他画中的釉里红，经过高温烧炼，产生出奇妙的窑变，晶莹七彩，光耀夺目。如他画的垂柳飞竹及大树之飘叶，釉色竟呈柔和的粉绿，外围却是一圈圈闪忽的红晕，传统釉色在他的笔下，衍变出前无古人的风格。

俞晓夫和黄阿忠是两位风格独特的油画家。晓夫善用色块在瓷器上渲染出形形色色的玩偶，在幽暗斑驳之中潜藏着无数奇怪的形象；而阿忠则常以油画的手法勾勒出简洁线条，来展示拱桥瓦房、渔船花树，充满了国画的意韵。他们两人的作品色彩浓烈，以欧洲现代派绘画观念融入了当代生活的感受，给人以耳目一新的感觉。

女画家马小娟的瓷绘又别有一番风味。画面上水雾漾动，美人隐约，

罗敬频

似有似无的线条勾画出女性柔软的肢体和朦胧的表情,风格清新飘逸,交织于古典与现代的氤氲之中,呈现出非同一般的艺术效果。

石禅所绘的花鸟虫鱼,笔墨老辣,气息灵动,表现出画家对大自然、对人生、对釉彩的独特理解和对生命的真挚爱戴。技法出自八大、石涛、吴昌硕、齐白石、潘天寿等,又融入现代情趣,在继承传统风格的同时,大胆创新求变,体现出申窑的艺术追求。

一步一印走过来

三十出头的罗敬频,安亭师专毕业,出生在青浦一个菜农家庭。他那谦和宁静的微笑、踏实勤奋的拼搏精神,无疑是从小刻苦磨练出来的。儿时,他就随同家人一起到田里种菜,16 岁便利用学校的寒暑假,顶着寒风或冒着酷暑,独自骑着装满蔬菜的自行车到市区的农贸集市去卖菜。他凌晨 1 点左右就从家里出发,路上足足要踏三个多小时车子,大约要花半个上午,才能把车上的毛豆、青菜全部卖完;有时遇到车胎损坏,真是苦不堪言。在回家的路上,到北新泾附近停下来,稍事休息,吃碗阳春面,便是他一天中最大的享受。

1993 年,罗敬频辞职离开画院,创建了嘉新房产开发公司,从事房地产开发、经营与管理等,为进入艺术领域打下了坚实的经济基础。1998年,他成立思维文化艺术发展有限公司,开始涉足城市雕塑的新领域,立在徐泾镇318国道丁字路口上那尊高7米宽3米、名为"飞向未来"的大型不锈钢变形人体雕塑就是思维文化公司的处女作,浦东新区国际会议中心门前的"春水"和"秋波"等也是思维公司的作品。其他各区主要街头也能看到他们的构思。现在,公司建造城雕总量已有50多座,并逐渐向外省市进军,最近正在为江西省吉安市中心广场建造大型城市雕塑。

2001年起,罗敬频在思维文化的属下再合资组建了申窑陶瓷分公司,生产出闻名中外的海派新瓷,并向国家工商局注册登记了"申窑"商标。罗敬频还计划到日本东京去开一家申窑产品的专卖店。

申窑奥秘在创新

申窑是艺术家的创作基地,艺术家们奇思妙想的作品,通过每一次开窑都会有一番新的陶醉。在彩绘之前,先要经过练泥、拉坯、晾干、利坯、补水等工艺,画好以后,还要吹釉,才能进炉烧炼。期间,加温至1 300度左右需10小时,冷却到150度以下才能开炉,又需10小时。火候不足或者过大,都会引起异变或爆裂,从而前功尽弃。这一道道工序之间,有着天意般的神秘,充满了极大的偶然性,故能够正常完成的,件件是孤品,决不可能复制。

罗敬频介绍说,申窑采用釉下彩的方式制作而成,与釉上彩不同,它需要在1 320度高温中烧炼,其色彩效果是通过窑变由里向外而取得,加工难度当然要大得多;与其他绘画不同,在瓶罐上涂色,画面是立体的,颜色是流动的,效果是变化的,把握起来并不那么容易;与景德镇的瓷器不同,申窑是艺术家直接参与制作的,其精神面貌、艺术气息、加工手段、工艺流程、经营理念全部都焕然一新。在申窑的作品上,可以体现出传统文化与现代文化的有机结合、中国艺术与西洋艺术的有机结合、技术与艺术的有机结合,更是艺术家爱好与社会发展中高层次需求的有机结合。

申窑公司是思维文化发展公司下属的一个分支机构,罗敬频说,它好像一个等边三角形,由景德镇的高级工艺师、上海的著名画家以及罗氏文化(即思维公司)三个方面组成。公司注册在青浦,工场设在嘉定,投资规

新克勒 海派奇葩

模不小,经营难度相当大。经营者不仅自己要懂艺术、领行情,还要同艺术家保持良好关系,既要协调好各方面的关系,又要吃透市场经济规律,所以要当好这个家实在不容易。但从目前各界对申窑的反响来看,其前景是十分令人鼓舞的。罗敬频吸了一口烟,向笔者透露:他准备在不远的将来把申窑公司打回老家去,在青浦福泉山附近搞一个40亩大的新窑区。他的微笑中流露出自信。

精品是"敲"出来的

申窑瓷器是用可以调控温度的煤气炉烧炼出来的。根据炉子的大小,现在每一炉只能放入50件左右,一次的成品不足一半,一年加起来,总共可以烧制50多炉,各类器物的总量约2 000多件,其中精品只有二三十件,合格品约两三百件,而敲掉报废的总数则有1 000多件。从短期效益来看,公司在经济上的损失确实不小,但为了创造申窑品牌,维护产品质量,提高申窑的艺术价值和地位,这么做是很有意义的。罗敬频讲,对不合格的产品一律作报废处理,绝对不让它们流入市场,这种敲打既值得,也很有快感,只有不惜工本地坚持这种大比例"敲碎",才能确保申窑产品在市场竞争中立于不败之地。

申窑作品的价位最低也要上万元,高的达数十万元,市场对申窑的前景普遍看好。申窑的知名度越来越大,对申窑关心和认同的人也越来越多,许多著名艺术家对申窑的评价也日趋提高,创作室里经常宾客满堂,不少素不相识的人通过电台、电视台、报社等查到公司地址,特意从各地赶来参观或者选购。罗敬频笑着说,一位华师大出版社的老师骑着自行车先后来回跑了18次都没寻到,最终跟着邮递员才找到了公司。虽然地处郊远,但每逢周末,申窑公司的工作场地却是热火朝天。

一炮打响好惊人

2001年11月中旬,在第五届国际艺术博览会上,罗敬频投入20万元资金,又拿出20多件精品前去参展,赢得了参观者的一致好评。许多著名艺术家在申窑的展台前驻足不前,大加赞赏,都称申窑开创了当代海派艺术与传统瓷文化技术结合的新路子。一位30岁左右、貌似白领的小姐,看中一对标价 8 万元的申窑瓷瓶。瓶上荷花出自石禅的画笔,这位小姐一个人来了两次,看了又看,连声叫好。她深知物有所值,也不好意思还价。事后,这位小姐专门打电话到公司来,要求将此瓶保留到年底,说等她拿到年终奖后一定会来买的。罗敬频当即向她表示,申窑的产品以往一向不打折扣,由于她如此真诚地爱好,公司决定给她八折的优惠。这位小姐听后,连声道谢。

　　展览会结束,公司又向上海市慈善基金会捐赠了一套俞晓夫绘制的申窑精品"玩偶之家"系列。包括出售和预订,这次活动共计推出申窑精品 15 件。这是公司自成立以来第一次面向社会的主动出击,也是新世纪以来上海滩艺术领域中一个令人瞩目的闪光点。说到这里,罗敬频稍作停顿,请秘书小姐拿来了专为艺博会刊印的画册《申窑》,他脸上充满了初战告捷的喜悦。

张　峰：满腔激情展英喉

张峰不无兴奋地告诉笔者,他正在实施两项计划:一是在各种场合多唱民族声乐作品,让世界更了解中国音乐的精华;二是利用各种机会多讲解歌剧知识,让更多的年轻人喜欢歌剧艺术。

在上海大剧院举行的文艺晚会上,青年海归歌手、男中音歌唱家张峰充满激情地演唱《祖国,慈祥的母亲》,赢得在场观众经久不息的掌声。

布达佩斯夺桂冠

张峰说,记得第一次出国是在 1998 年春天,他报名参加国际声乐大赛中国地区预选赛,与另外五名选手一起从近百名选手中脱颖而出,代表中国歌手去布达佩斯参加比赛。在米兰海关,他遇到意外的麻烦。由于护照上的照片不清晰,那里的安检人员拒绝他入境,赶来迎接他的意大利维罗那歌剧院艺术总监德·勃兹欧先生费尽口舌也无济于事。情急之下,张峰当众拉开嗓门,唱了一曲意大利咏叹调《她像天使一样美丽》,周围的听众挤得水泄不通。等到歌声结束,海关人员双手递上盖好章的护照说:"您的歌声就是通行证。"

决赛当天,美丽的布达佩斯嘉宾云集,匈牙利总统根茨亲临现场,15 位来自世界各国音乐界的著名人士记录打分。当张峰的男中音在剧场里响起时,那浑厚、激奋的音色顿时令全场观众为之惊叹,连根茨总统也不时地向中国驻匈牙利大使跷起大拇指。张峰以他出色的艺术才华、对人物角色细致入微的刻画、对歌剧语言的准确把握、对音乐风格的深刻理解,一举夺得桂冠。演出结束,意大利罗马歌剧院指挥马尔可·波艾米连声赞叹:"这位年轻的中国歌手演唱得太精彩了!"

纽约独唱音乐会

2001年春天,张峰应邀在音乐圣殿——美国纽约卡内基音乐厅举办个人独唱音乐会。他那出色的演唱技巧又一次征服了场内来自世界各地的听众。他以柴可夫斯基的《祝福你,森林》开场,声情并茂地演唱了莫扎特、威尔第、罗西尼等世界著名作曲家的十多首名曲,以及《我爱你,中华》、《祖国,慈祥的母亲》等中国歌曲。他那饱含深情的歌声多次把音乐会推向高潮。中国驻纽约副总领事赵为民听完音乐会,激动地对张峰说,希望他经常来美国演出,把中国的音乐推向美国的主流社会。

同年11月,正值培养出克林顿、布什父子等多位美国总统的著名学府——耶鲁大学300周年校庆,张峰应邀前往举办题为"中西方经典声乐作品"的演唱会及专题讲座。他一边唱,一边用英语向大家介绍《康定情歌》、《大江东去》、《祖国,慈祥的母亲》,以及声乐套曲《唐·吉诃德》、《快给城里的忙人让路》等中外古典民歌作品、歌剧选曲和现代歌曲。他深入浅出的演讲引起台下师生们的极大兴趣,更加深了他们对中国歌曲的理解和喜爱。活动结束后,他们纷纷向张峰索取中国作品的歌谱,打算要拜师学习。

海上歌坛又一峰

2002年,张峰作为上海歌坛"新峰"被评为第四届上海市十大"文化新人"和"新长征突击手";2001年,他应邀在音乐圣殿——纽约卡内基音乐厅举办独唱音乐会。之后,又应耶鲁大学东方文化艺术学院和维斯雷恩大学艺术学院等邀请,主讲"中西方经典声乐作品之比较";至2000年,他已先后两次获得布达佩斯国际声乐比赛一等奖。

近年来,张峰经常于全国各地,以及美国、意大利、德国、法国、匈牙利、乌克兰、瑞士、印尼、菲律宾等国演出,已在歌剧《原野》、《波希米亚人》、《卡门》、《托斯卡》、《罗密欧与朱丽叶》、《浮士德》以及大型景观歌剧《阿依达》中扮演主要角色,并且在于中国首演的肖斯塔可维奇清唱剧《森林之歌》、罗西尼清唱剧《圣母悼歌》中担任领唱。

一腔激情唱心声

张峰曾应匈牙利国家歌剧院、德国路德维希歌剧院与意大利指挥家玛尔柯·波埃米等邀请,分别去多国巡回演出意大利歌剧《艺术家的生涯》和法国歌剧《罗密欧与朱丽叶》;他还先后赴意大利国际声乐大师班、匈牙利国家歌剧院、纽约国际声乐学院、意大利基阿里国际声乐大师班、上海国际歌剧大师班进修深造,得著名女高音歌唱大师卡蒂娅·黎恰莱丽和歌剧大师米尔奈丝、米娘·顿、保罗·华盛顿等专家的悉心指导。

当今歌坛,"同声传播"日趋泛滥,一名流行歌星的一次出场费比一位歌剧演员一年的收入还高。张峰认为,艺术贵在真实,艺术家的好坏主要看他的演出是否具有真情实感,荧屏甚至舞台上出现的"假唱",对观众以及演员本人都极不负责任。一次,一家电视台请张峰带好录音带去台里对口形,张峰对导演说,自己对现场演唱绝对有把握,不需要带录音带。演出结束后,那位导演马上走过去握着他的手说:"你充满激情的表演为我们上了精彩的一课。"

不忘家乡父老情

张峰 1969 年出生于新疆;10 岁那年,他回到老家河南开封;20 岁时,他考入上海音乐学院声乐系,得周小燕、徐宜等名教授指导;1995 年毕业后,进入上海乐团(后来合并为上海歌剧院)。与此同时,他还参加"周小燕歌剧中心"的各种演出活动,赴德国和瑞士参加歌剧《原野》的欧洲首演。2000 年 4 月,周小燕教授亲自为张峰在上海音乐厅举办的独唱音乐会担任艺术总监。张峰对培养他的老师、他的家乡,始终充满着深深的感激。

2002 年 5 月,张峰回到老家河南,在河南艺术学院举办独唱音乐会。同年 10 月,他又随中央电视台"同一首歌"节目组回到家乡,在万人广场将饱含深情的《共和国之恋》献给家乡同胞。他还被黄河科技大学艺术学院聘为客座教授,用自己的歌声向师生们进行音乐知识的专门讲座。乡亲们从他那充满魅力的歌声中听出这位浪迹天涯的游子对家乡的一片深情厚谊。

萧　瀚：艺贯中德新画风

在世贸商城举办的上海艺术博览会上，他以国际化规则，向购买他作品的顾客提供亲笔签注的附有保真、保值功能的"双保"证书。旅德海归画家萧瀚在继承传统笔法的基础上，经长期潜心探索，融中德两国艺术于一体，独自创造了一种"七彩"缤纷、气势磅礴的新中国山水画。

彩墨交融创新风

上世纪 20 年代初，我国留学生终于在西方发现，水墨之外，还有另一种光闪、色跳、形似的绘画风格。长期封闭的中国画坛，从此被激奋的改革之声所打破。徐悲鸿从造型入手，引入西方素描，以古典写实主义改造中国人物画；林风眠则引入西方表现派的手法，将浓墨与重彩互相交融，令画坛耳目一新；而刘海粟的涂墨涂彩，张大千的泼墨泼彩，都在以墨塑形的基础上，对传统技法进行大胆尝试，从而使探索中的中国画呈现出更加绚丽的前景。然而，中国画的笔墨与西洋画的色彩之间的鸿沟，在理论或实践上却始终未能真正融会贯通，而"墨不碍色、色不碍墨"的概括，依然属于不可逾越的圭臬。

海归画家萧瀚经过多年实验，独创红、橙、黄、绿、青、蓝、紫七彩积色法，取得色墨之间相得益彰的效果。在萧瀚的笔下，无论是鸿篇巨制还是尺幅斗方，不管多少次积彩，依然能保持中国画一气呵成的神韵，既没有降低传统的笔墨情趣，又能创造出生动明快的色彩感觉。旅德数十年，萧瀚凭借强盛的消化力，对欧洲印象派大师的作品精心揣摩，滋养着自己的视觉，将印象派西方色彩创造性地转化为中国写意派色彩，以色当墨，创造出中国山水的神韵，并利用光影表达作者的主观意念。萧瀚的山水画，既没

73

有前卫姿态,也没有传统固守,而是选择了独创的中西融合之路。德国格廷根市美术馆馆长评述他的作品"是一个开拓性的创新,他所研创的诸多混合、统一、对比的色调,使中国画更具有现代审美情趣,实则是构筑起东西方绘画互为认同的桥梁"。

双保亮出新彩法

萧瀚的作品首先在欧洲艺术市场上得到认可,且广为那里的美术馆、博物馆、政府机关、著名企业、艺术部门收藏。继而,他又先后在台湾历史博物馆、孙中山纪念馆以及多家画廊举办个人画展。1994年起,其作品每年在香港佳士得、苏富比和上海朵云轩、北京翰海、台湾甄藏等多家拍卖公司参加竞拍。在2001年苏富比拍卖中,他作品的成交价一举跃入排行榜前十名。

如今,作为当代德国水墨画艺术家协会主席、国际当代彩墨画联盟顾问的萧瀚,又是唯一每月在台湾《艺术家》上公布画价的大陆艺术家和首位在中国艺术品市场上推出国际化操作规则的海归画家。顾客在购画的同时,可以取得一份作者亲笔签名的"双保"证书,今后不管何时何地,作品及证书只要经画家本人或者经纪人验证,均可按扣税后的原价取回,这就能大大降低收藏者的风险。

自幼喜欢学美术

萧瀚出生于安徽芜湖的一个普通工人家庭,很小就喜欢画画,他从临摹"小刮片"上的西游记、封神榜、白蛇传等工笔画入手,每天精勤不舍。8岁那年,他对母亲发誓,长大以后一定要当一名画家。由于家境清贫,母亲经常帮他一起把锅底上的烟灰刮下来加工后当颜料使用。小学的班主任经常把他的画在教室里挂起来或者贴在走廊的墙上,让大家学习。念中学时,每天做完功课后,他都要坚持练习基本功,诸如素描、白描等;晚上9点多了,他将家里的两盏煤油灯,一盏照着前面的物象,一盏拿在自己手中,一直要画到深夜12点多才睡觉。他把母亲每天给他的买早点的两分钱全部省下来,用于购买绘画材料;中午,到了第四节课,他经常在教室里饿得发晕。

初二那年,他的《五谷丰登图》在《芜湖日报》上发表。这是他的作品第一次公开发表。当看到自己的名字以及"稿费"两字出现在学校传达室黑板上的时候,他激动得笑了出来,马上去邮局取出两元稿酬,拿出一块钱,请班里十多位同学一起去附近的"大蓬包"里看木偶戏,另外一块钱则购买颜料。萧瀚不无得意地回忆,这是他平生第一次出乎意料地感受"荣幸"的滋味。

19岁时,萧瀚以优异的成绩考入安徽师范大学美术系。他当时的学习成绩,尤其是绘画成绩,始终是全班甚至全校第一。大学一年级,他的木刻画《待渡》被《安徽日报》刊登。大学毕业后,萧瀚被分配到宣郎广茶厂当采茶工,不久,他便因出色的绘画才能被调往省宣传部搞创作。1979年,萧瀚加入中国美术家协会,此后,他的作品多次入选全国美术展,且经常赴欧洲五国、东南亚、日本等多处参加美术展览。

中德交流走新路

1989年,萧瀚再次应邀飞往德国汉诺威市进行文化交流。下飞机以后,他一个人拖着大小六个行李箱,住进了机场附近的一家小旅馆。深夜里,他独自数着口袋里仅有的1 000美元备用金,心里非常清楚,这只够买一张回程的机票,但他坚定地告诉自己,决不愿意失去这次难得的机会,轻易地服输走回头路,一定要在那里打开局面。

突然间,他想到了一位安徽大学去那里当德语翻译的副教授,他以前曾经帮自己做过翻译,于是,马上打电话给他。这位副教授随即赶来,一口答应给予帮助,并且对萧瀚说:"我可以帮你经营画,成交后每幅提成10%。"萧瀚当场把自己带来的60多幅作品全部交给了他。但结果,萧瀚除了每月获得少许生活费以外,这位老乡连人影都很难看到,连电话都打不通。萧瀚终于明白,自己真的上当了,被同乡所蒙骗。

后来,萧瀚鼓起勇气,在没有书面合同的情况下,将此事诉诸当地法律。法官问他:有没有签合同?证据何在?萧瀚紧紧地咬着牙关,良久无言以对。在邻居、卡赛尔大学留学生会主席的帮助下,他几乎走遍了当地所有的画廊,反复调查自己作品的下落,画商或支吾其词,或无可奉告,但也有一些人听了他的遭遇后,愿意站出来向法庭作证。经过三年多的努力,最终萧瀚以事实反证法在法庭上赢得胜诉,但追回的赔偿金只是其中的一小部分。

在异国他乡,除寻找自己丢失的画稿外,萧瀚始终坚持寻找中国画里失去的色彩,从西方的色彩中探索自己的道路,在传统淡彩的基础上,创造出混色复合的艺术环境,且将自己对西洋现代派色彩的感悟,交织在传统中国画的技法之中。萧瀚的风格逐渐被当地的艺术界和收藏界认同。如今,海归上海的萧瀚正以自己所开创的面貌,激荡、催化着中国艺术品市场,并将成为当今艺术领域里中西合璧的新亮点。

苏 莎：模特之母在上海

苏莎高挑、靓丽，她出生在伦敦，父亲是菲律宾的演艺人士。人们常以为苏莎是一位"小外"，而将她的课称为"外教"。平时业内常叫她"小菲"，而学生则喜欢称她"老妈"。其实苏莎已经加入了中国籍，她已经是一位地道的"新上海人"，一位以心灵打造美丽的女强人。

"学生们的进步就是自己最大的乐趣。"素有"模特之母"之称的苏莎不无感慨地说。上海苏莎艺术信息咨询服务有限公司专门以"经营模特"为特色，且已经在海内外小有名气；公司在人才培育上推出"免费培训"的独特机制与经营中的良好口碑，因而被人们誉为"名模之摇篮"。苏莎是公司的总裁。

在逆境中渐渐成长

苏莎在 6 岁那年跟随父母从英国来到上海。小学一年级时，由于优美的身姿而被选入上海舞蹈学校的芭蕾舞班接受专业训练。1971 年 11 月 13 日，12 岁的苏莎因她与众不同的外貌，被作为"黑仔子"送去崇明红星农场接受"再教育"。

"五七"营队集中了许多当时上海文艺界"放"来的并不十分知名的"叔叔、阿姨"，也有一些机关里"下"来的已上了年纪的"老爷子"。苏莎的年纪最小、个子最矮，"同行们"觉得这位"小外"天真可爱，都对她非常照顾。唯独同寝室有一位"女高音"一直跟苏莎过意不去，逼她每天为大家扫地、打水、洗衣服，光热水瓶，一个房间就有 8 只，每人 2 只，一日来回 16 次。在油菜田里，这位"小外"时而被蛇舞所惊，时而被鼠跳所吓，更经常被那位"女高音"弄得喘不过气来。她欲争无力，欲喊无声，欲泣无泪，硬是咬着牙顶着。一天,苏莎发高烧病倒在床上,却被那位"女高音"一把拉了起来。苏莎终于忍无可忍了,冲过去拿起一把菜刀,双目睁得通红。别人一把拉住苏莎,"女高音"见势不妙跳窗而逃,菜刀飞在窗框上⋯⋯事发后,苏莎的境遇反倒出现了转机,她被调到农场小分队,作词,作曲,编舞蹈,创作《一步一个脚印》、《女插秧机手之歌》等,举办农场的赛诗会,还当上了小队长。

在舞台上创造舞台

1980 年春节,苏莎接到上海市轻工业局寄来的录用通知。2 月 20 日,她去普陀区长风公园旁边的上海轻工机械二厂报到,当上了一名工会干事,每天绘画,歌舞,搞宣传,创建工会服务大队,为全厂职工服务。后经舞蹈学校周荣宝老师介绍,她又在市少年宫、小鸽子艺术团、舞校少儿班等多处轮流上课。

1983 年起,苏莎自己创办了一个"东方时装表演队"。全队一共 20 多人,利用曹杨中心小学的场地排练,去宾馆、酒家、大饭店演出,队里服装全部由她自己做,所得收入大家平均分,全队不分上下,嘻嘻哈哈,一片欢乐。不久,她又去上海市文化经纪人有限公司当培训部主任,为下属舞蹈、演艺、模特三家分公司训练形体。

1999 年前后,在上海戏剧学院李守贞老师的指导下,苏莎又去参加了一些影片的拍摄,如在电影《夏威夷传奇》中扮演贵族小姐,在《珍珠塔传奇》中演官太太等。2001 年,一家以"苏莎"冠名的艺术公司在成都北路高架旁开张了。6 月 9 日清晨,国内外服装、百货、影视、演艺、教育等各路精英 100 多人前来参加剪彩典礼,向苏莎艺术新的里程碑表示祝贺。从此,苏莎终于有了一个属于自己的艺术舞台,终于开始打造自己的艺术品牌,终于全身心地投入了自己梦寐以求的"塑美"事业。

在竞赛中一视同仁

苏莎总是很忙,自她获得 2001 年全国第八届推新人大赛最佳组织奖、最佳特级艺术教师等荣誉称号后,又被首都老艺术家协会特聘为全国大赛总评委。之后,苏莎更忙了,经常奔走于全国各地。日前,她刚刚从北京赶回来,就埋头着手下一项新作《模特业为何滑坡》的素材准备与理论思考。

在训练课上,苏莎总是一本正经,眉宇间透露出严厉,无声却带有穿透力。她决不允许学员在训练时说一句话、开一个小差,只要哪位注意力稍许有一点不集中,都逃不过苏莎那双"探照灯"的扫射。同时,苏莎也不允许任何一位外来人员对她的训练进行干扰。一次,一家媒体的记者想在训练时插进去同苏老师谈几句,结果,当场被她逐出门外。

苏莎坚定地说:"只要谁的成绩不进步就会被我骂! 在对学员的严格要求中贯串着我对他们的爱,我希望自己训练出来的学生将来在这个行业、在T型舞台上都能有所成就。"在招生、挑选或者评定学员时,她始终以"身材、面貌和悟性"这三大要素为准绳,不管是谁,不论学生还是家长,不论来头有多大,也不管身价有多高,口气有多硬,苏莎全部一视同仁,从来没有半点可以商量的余地。

在人品上无可挑剔

在 2002 年全国推新人大赛上,苏莎担任艺术总监、总评委。7月中旬半决赛结束后,苏莎亲自对来自全国各地的入围选手在首艺歌舞团进行封闭式集训。

一天晚上 11 点 15 分,苏莎刚回宿舍想要休息,一位家长带着她的女儿找上门来问苏老师:"我的孩子这次能不能得奖?"苏莎回答:"这要看她本人的临场发挥了,就目前的情况看,这孩子虽然初赛入围,但悟性一般,估计会被淘汰!"那位母亲继续问:"能不能帮忙?"苏莎说:"如果你的女儿要奖,那么你就去商店里买一个,我会当着大家的面发给她的。"这位家长从包里拿出用报纸包好的一厚沓钱,大约有五六万元,看着苏老师又说:"我们交个朋友吧,这是见面礼,第一次,以后还会再谢的!"苏莎立刻回答说:"我的朋友到处是,要是每人都给这么多,我不是可以回家休息不要再工作了?"家长拉着苏莎的手说:"别客气!"硬是要苏莎把钱收下。苏莎一下子拉开了嗓子,严厉地说:"你一定要我收的话,那么,明天我会在舞台上,叫你上来领回去,也可以让大家得到一次教育。"结果,这位家长不得不收回钱,带着孩子回去了。

在磨练中得到提高

2002 年上半年，市工商局、公安局、文化局、教育局、税务局等部门因多次收到匿名举报，先后对苏莎艺术公司的运作机制进行全面检查。苏莎被那么多突如其来的"大盖帽"惊呆了！她心脏病突发，被急送医院。

苏莎莫名其妙地经受着那集中或分散、连续或突击的反复考验，通过了这五家、为期三个多月的"联合行动"，事实终于全然澄清并彻底否定了那些来自同行间的诬陷不实之词。事实证明，苏莎的账目清楚，运作规范，处事是极其严格的。难怪学员、家长都争先恐后地站出来对有关部门说："我们的苏老师是好人，在训练中，她对我们倾注了全部心血，而她分文不取，她的人品、艺品绝对高尚且无可挑剔！"

马兴文：多位一体艺疯子

在上海艺博会上，有那么一种并不十分和谐的氛围："现代绘画"与"建筑装饰"组合，凝重亮丽的色调、传统国画的用笔、现代抽象派风格在画面上浑然一体，而那些装饰作品则简洁明快，中西结合，对比非常强烈……摊位上所有作品概不出售。

一位20多岁、西装革履的小伙子在展台前向大家频频举杯。他一会儿以英语对着手机说话，一会儿以粤语向部下交代，一会儿又用普通话同来宾们打招呼。他的名片分黑、白、蓝三种，字迹很小，中英文交替，头衔不少，密密麻麻的，一下子很难辨认。

据介绍，这位就是公司的当家人、CTL跨国设计集团总裁、一风廊店主、ONE BAR老板——马兴文（SIMON）。

公益慈善的音乐人

马兴文1974年出生在香港一个普通职员家庭。8岁起，爱上绘画，师从著名国画家范子登，山水、花鸟、人物等无所不学。12岁开始玩音乐，唱歌、击鼓、当指挥，大、中、小号什么都吹。13岁那年，他提了一个行李袋，独自去英国威士特市念中学。20岁时，考入伦敦大学建筑与城市规划专业。读书期间，他的油画作品《香港风景》和《香港未来》先后两次获得"国际青年画展优异奖"，他的建筑设计也获得伦敦大学颁发的"新约翰特殊设计奖"。

1994年春，马兴文在香港发起组织了"传说乐队"，亲任指挥兼鼓手，先后有70多名成员加盟。不久，队伍便扩大到英国伦敦及加拿大多伦多。乐队汇集了一大批志同道合的年轻人，以爱的音乐向社会表达公益和慈善的信息。传说乐队曾为香港多家慈善机构,如乐施会、公益会、中国发展基金救助儿童会和圣诞老人爱心大行动等筹募捐款。其中,"传说之夜"、"传说爱心"和"传说诞生"三场活动在当地产生了广泛的影响。他为在八仙岭山火中受伤的儿童谱写了一首歌曲《愿》,为那些不幸的失学儿童道出了内心的痛苦和愿望,引起社会各界对他们的普遍关注。马兴文那充满爱心的愿望通过各种媒体传向千家万户,走进每个人的心中。

1997 年,在伦敦获得城市设计学硕士后,马兴文毅然来到上海。自抵沪之日起,他无时无刻不在为自己的艺术生涯定位,也为 CTL、一风廊,以及 ONE BAR 等规划与目标,马不停蹄地思索和奔波着。

与时俱进的经营者

四年前,马兴文子承父业,从英国到上海来一展身手。他当上了 CTL 建筑设计公司的总经理兼总设计师。当时公司里只有四名员工,除了桌椅,要什么没什么,甚至连上海话都听不懂。个性很强的马兴文并没有急于入乡随俗,而是亲自摸索市场,四处广交朋友。为了打好基础,他还帮别人做了不少免费设计。时间一长,他独到的设计才能,尤其是为人处世的口碑,在同业内渐渐地传开。不少朋友遇到各种高难度项目,也会自然找上门来,向这位海外来的新上海人请教。

公司承接的案子逐渐增多,全体员工整天跟着这位"小总"不分昼夜地忙碌。由马兴文领衔,CTL 设计公司先后为虹桥银城大厦、南京路金富得广场、西班牙领事馆等工程完成建筑设计,并为友邦、安利、飞利浦等跨国公司的办公楼实施室内装潢设计。如今,在马兴文带领下,CTL 公司已发展成一家实力雄厚的跨国集团,拥有 120 多名专业技术人员,在上海、广州、北京、香港及伦敦与牛津等地均有子公司,致力于工程设计和创意开发。马兴文试图将 CTL 的规模继续扩大。

马兴文聘请了多位来自法国、英国、加拿大、马来西亚以及中国香港等国家和地区的各种专业人才,其中包括英国皇家注册设计师。为了开发与抢占市场,他还建立了一个来自世界各地的朋友圈子。他渐渐地融入了上海,融入了上海的文化。身为老板的马兴文经常与部下一起卡拉 OK,陪同顾客吃饭,还时常将自己的得意之作赠送给朋友。在企业管理上,马兴文

马兴文

十分注重将美国的人性、英国的规则、香港的气派融合于上海的聪明之中，且不断整合公司的运作机制，在实践中开拓、创新，所以，他的设计公司始终与上海的城市建设一起日新月异、飞速发展。

随风而动的艺术家

马兴文的办公室小巧玲珑，墙上，油画、扇面、奖状、小提琴、照相机等各种装饰品琳琅满目，桌上堆满了各式文件夹和名片盒。主人开门见山地告诉笔者，他来自英国，出生在香港，喜欢多种艺术，目前在上海创业。办公室里的几件小家具，如核桃木茶几、不锈钢座椅、玻璃罩花架等，都是主人的创作。他拿出一本《装潢》杂志，在"家居情调"专栏中，他对自己的别墅是这样描述的："晶莹的灵感炫人眼目，明亮的水纹波光粼粼，古代的丝竹和欧洲的风笛在水边启奏；绿竹红木错落有致，多种优雅混织在一起……"旁边的王小姐抢着说："老板身上穿着的各式服装也都是自己设计的。"

正当为艺博会参展忙得不可开交之际，马兴文又突发奇想，在新天地的南侧开了一家 ONE BAR。这里有来自世界各地的名酒，但与其称做酒吧,倒不如说是一个全新格局的艺廊。细长的过廊式环境,幽雅清淡的冷色调;轻声的爵士乐,火辣的抽象画;钢琴上描绘着银色的飞云,酒瓶上增添了五颜六色;底层玻璃与不锈钢的桌椅挺拔坚硬,楼上布艺与皮革制成的软座极为舒适。这里的设计全部由店主亲自操刀,融入"风"的理念和独具一格的原创风格。店里的所有物品,比如传统式吊灯、现代派摆设,包括家具和酒具,全部可以出售。一到傍晚,来此尽情享受的客人,尤其是外来"新克勒",每天络绎不绝。

马兴文在创办一风廊的过程中,尝到了不少甜头。那里的整体感觉也有点"疯",看上去像画廊,其实也是家具店,更是一家多位一体的艺术展示馆。细腻、凝重、底蕴浓厚的中国传统,简洁、明快、委婉轻松的西洋风格,玻璃、皮革、藤竹、花梨木等多种材质浑然一体,错落有致的"疯俗"画、充满情趣的艺术照、竹条制成的窗帘……仿佛走进另一个世界。那种不中不西、不古不今的组合,包含西方现代派与古典主义乃至中国传统的各种要素,无不体现出主人多位一体的艺术个性。有趣的是,那里的商品价位都在3 000元左右,吸引不少过路人常在那里驻足观望。

段少军：用画说话显才华

段少军平时很少开口，整天躲在画室里，独自坐在那张破沙发上，或使劲地吸烟，或眯着眼睛看画……在那里，他一呆就是十多个小时。用他的话说，"自己的全部身心都在画上，其他什么都很模糊。"

地处漕河泾开发区的段少军画室平时非常宁静，除了大幅作品外，各种办公家具堆满了工作室。他正在为"台积电"总裁张忠谋的新居绘制一幅新作，因而前去参观的上海"新台族"多了起来。

绘画人生画前程

观赏段少军的油画作品是一种精神享受，以暖色为基调、画面喜气洋洋、对比非常强烈三大特色十分明显，正是对现代人都市生活的集中反映。他那饱含激情的笔触、富有哲理的思维，始终体现在他那与众不同的画风上，或《庭院》，或《良宵》，或《夜星》，无不充满生机，现代派格式与传统化理念，精神追求与现实反差，急切的渴望与漫长的历程……段少军无时无刻不在思考，如何用他的画向人们叙述这种现代社会中普遍存在的冲突与抗争。

段少军说，在现实生活中，他时刻面临着来自多方面的冲突，他不愿陷入诸如学术、流派、风格等问题的讨论，而是义无返顾地投入自身"以画说话"的生命旅途，且用他的画来直接面对这种精神上的抗争，试图让人们在读画过程中，对他、对社会，乃至对传统文化进行审视和理解。

段少军的每幅作品都要经过很长时间的构思，依靠内心突如其来的灵感来创作，所以，他整天默默地沉思，整天烟不离手……他觉得，中国的现代文化包括中国的油画应该具有自己的风貌，不但要继承传统文化的精华,还要有所突破与创新,才能为现代人乐于接受。目前,他正在尝试运用西洋的艺术形式把传统的情调转化为现代风格。段少军说,这种独特的艺术追求只有在上海这一海纳百川的环境中才能立足,在这座城市里拼搏很有发展空间,这里可以找到共同的文化资源,发展和实现共同的文化追求。

艺博会一鸣惊人

1999 年夏天,段少军肩上扛着一大卷沉重的油画,手上提着一个大箱子,独自来到举目无亲的上海滩。下了火车以后,他住进一家小旅馆,不知下一步该往哪儿走。无奈之间,他拿出了通讯录,冒昧地打电话给上海师范大学艺术学院的王恩琪老师。此时,王老师已经退休在家。和段少军仅有一面之交的王老师接到他的电话之后,二话没说,就让出了自己的一间书房,请他住了进来。段少军至今仍深有感触地说,他一到上海就感受到上海人的亲切和温暖,要不是王老师的热情招待,他就不可能留在上海。

不久,段少军拿着自己准备好的作品去参加第三届上海艺术博览会。在开幕式的那天上午,一位年过半百的长者来到他的展位前,目不转睛地盯着一幅油画《采花枝》频频点头,向旁边几位年轻人连声说妙,妙!《采花枝》取唐诗《金缕衣》"莫待无花空折枝"之含义,将中国写意人物与西洋抽象色彩美妙结合,真可谓匠心独具!段少军马上站起来,与这位长者聊了起来。两人古今中外,无所不谈。事后,段少军才知道,与他交流的那位长者就是上海美术馆馆长方增先先生。

第二天,段少军的另一幅作品《雨打芭蕉》又引起不少观众的关注,好几家拍卖公司经理、私人收藏家前来问价,著名指挥家陈燮阳闻讯也特意赶来。有一对操着欧洲口音的外国人先后来了三次。最后那次,早晨一开门,这对夫妇就来了,他们不露声色地站在别人后面,仔细地听着其他几位外籍人士与摊主讨价还价。别人走了以后,夫妇俩正式向段少军提出想买这幅画,并问价格是否可以再便宜一些。段少军指着画摇头说,最低价5万元,不能再少了。旁边的翻译告诉段少军,这位先生是联合利华的董事长。后来,段少军为了表达对外国友人的尊敬,特意另外加送了一幅小

段少军

作品,使这两位外国朋友满意而归。

酒逢知己千杯少

　　2001 年春节刚过,在浦东新区长安画廊的展厅里,有两位来自台湾的商人同时看中一幅风景画《夜泊》,作者段少军,标价 2.5 万元。当一位客户付了钱拿着画离开时,另一位没有买到画的台湾人心里有一种说不出的味道。于是,这位台商便四处向别人打听画家的情况,又接连几次来画廊观看段少军的作品。店里的营业员看他一片诚意,就把段少军的通讯电话告诉了这位在沪台之间搞科技贸易的投资商吴文滨。他们后来相约在咖啡馆,两人一见如故,尤其在艺术观点上十分投机。

　　吴文滨直截了当地说,段的画冲突特别强烈,技巧很传统,但风格又很现代,中国文化底蕴较深,且西洋现代派色彩感觉也明显,上次在画廊里没能买到那幅作品心里一直觉得好遗憾。段少军觉得这位台湾人的艺术倾向与自己较接近,当场就答应了他,还说,最近正要办一次个人画展,希望他到时候光临指导,等展览结束就送他一幅画。两人逐渐成了好朋友。

　　一个周末的下午,段少军应吴文滨邀请,去绍兴路参加在沪台商的私人聚会。会上，一共来了十多位台湾企业家。其中，来自美国跨国公司的大老板刘心远也是一名热心文化事业的儒商，他见了段少军以后，又是一见如故，聊起艺术与人生，同样滔滔不绝。会后，两人经常交流。刘心远专门去段少军家中看画，他发觉段少军家里场地局促，无法创作大幅作品，就主动提出将一间300多平方米的办公用房无偿给段少军使用。此后，段少军有了自己的创作空间，前往那里参观和选画的"新台族"日益增多，于是，段少军的画名也在海峡两岸之间不胫而走。

1966年9月，段少军出生在湖南株州一个技术人员家庭。他小时候住在当地一家兵工厂的宿舍，那里集聚着全国各地的科技精英。他从小就喜欢画画，1987年以"百里挑一"的成绩考上湖南师范大学美术系，四年后，又以全校最优秀的成绩毕业。他以毕业作品《丛林一号》报名参加中国美术家协会、中国青少年发展基金会等四家单位联合举办的"四季美术展"，获得"中国四季"油画奖，作品后来为日本富士美术馆收藏。他的另一幅作品也入选第六届全国美展，并荣获优秀奖。其他获奖作品也不少。对此，段少军皱了一下眉头，淡淡地说："非全国性的大奖记不清了。"

赵霍俩：双侠串游上海滩

　　田子坊到底，直穿泰康艺术馆再到底，迎面有一间上海滩独一无二的微型画室，即是"东方双侠"的工作室。这对由东北辽宁来上海的搭档，每天在这里废寝忘食地实施着他们哥俩的第二个"五年计划"，且接待着来自世界各地的观赏者。

　　赵春、霍广成，人称艺坛上的"东方双侠"。见面之后，方知"双管奇侠"确有其事。以往仅听说英国有一对同性的当代画家，俄罗斯有一对同胞的写实画家，而如今，赵、霍两人成了国内第一对"哥们"组合的油画家，其作品在海内外日渐走红。

一见如故成莫逆

　　赵春，1970 年出生于辽宁沈阳。他从小就喜欢捏泥巴，总想争第一，在校时多次参加学生展览，且屡获头奖。鲁迅艺术学院毕业后，他去了一家合资企业，每天跑业务，收入不少，但与自己理想的事业相去甚远，便在业余时间坚持学绘画。其油画《远方》获得辽宁省青年艺术大赛银奖，《纸飞机》荣获东三省美术展览优秀奖。两年后，赵春从单位辞职。一个偶然的机会，他在酒吧与朋友们相聚时结识了长发霍哥，两人一见如故，不久便成莫逆。

　　霍广成，1955 年出生在辽宁凌海市，小学时，唱歌、乐器、绘画，各种文艺活动都爱好，中学年代，成了班里的艺术骨干、学校文艺小分队队长。毕业后，分配到凌海市总工会宣传部主管职工俱乐部，负责宣传、摄影和文艺演出等，多次参加职工艺术展，油画《信念》获市一等奖，《乡水情》获省二等奖。后来，被单位选派去鲁迅艺术学院进修，两年后毕业，回单位搞舞台美术。不多时,辞职去沈阳,与小胡子赵弟相识,两人情投意合,成为专职画家。霍广成是辽宁美术家协会会员、香港国际画院理事。

东方双侠闯上海

赵、霍两人1996年中秋节认识,在关公像前结拜成兄弟。此后,他俩在鲁艺对面借了一间10平方米的老房子作为画室兼卧室,一日三餐以大饼夹西红柿、馒头加泡面度日。他俩晨起而练习,晚居而切磋,西藏少女、现代小姐、天地日月、城市风光等成了共同研究的对象。他俩一起去云南、贵州、西藏等地,饱览祖国山川风光,尽情享受自然景色。在丽江,他俩看到一位苗族姑娘在山岭中一闪而过,仿佛在空气里消失。而后,苗族少女便成为他俩一发而难收的绘画主题。经过五年对古今中外、虚实黑白、传统创新的磨合,他俩觉得,第一个"五年计划"完成得差不多了。

2001年8月,他俩一起去北京宋庄小堡村的画家院。那里的冬天天寒地冻,平时只露两个眼睛在外面,与外界很少有语言交流。那一年,他俩一鼓作气参加了北京、上海、广州三个艺术博览会。一位印尼收藏家以3万元订购了他俩的第一幅画。从此,他们的生活一下子"活"了起来,先后赴美、英、法、德、瑞士、印尼、马来西亚、中国香港及台湾等国家和地区举办"东方双侠"世界巡回展,并多次荣获国际艺术大奖,作品也被世界各地的机构和人士所收藏。后来,他们听说上海也有画家楼,商量后认为,上海的机会多,发展空间更大,于是,便于2002年5月1日正式进军上海滩,不久,又将自己的工作室迁到了泰康路。如今,"双侠工作室"已成为上海艺术街的一大闪光点。

双管齐下开生面

画室里挂满了"东方双侠"近期的新画。作品大都以云贵地区苗族少女为中心,或记忆、或追思,或晨光、或夜景,或苏醒、或梦幻,无不以爱为主题,画面辉煌,气息浪漫,笔法细腻,情景交融。画中少女淡雅秀美,情意绵长。那错落有致的人性化布局、生动传神的个性化语言,使甜蜜可人的思绪、震撼人心的效应,在画面上表现得淋漓尽致。这些纤细流畅的线条、自然朴实的色调、匠心独具的描绘,都是由赵、霍两人精心构思、共同挥舞、

"双管齐下"所取得的,其粗细、其结构、其内涵,相互融合而丝毫不露声色。哥俩在创作中高度默契,互相补充,取得了"一加一大于二又等于一"的艺术效果。

赵、霍两人一搭一档地交替解说,他们的创作源于现实又高于生活,他们是用自己的心灵将色彩与技巧相结合,让内心真挚的热情像清泉那样自然地在画布上流淌。在技巧上,他俩从齐白石大师的风格入手,大胆地突破传统,将古典主义、现实主义、浪漫主义等风格,国画、版画、壁画、雕塑等技法,现代派、抽象派、印象派等特征有机结合,吸取并开发古今中外各家之"短",从背景安排、道具组合及衣帽等细节上,对人物的心灵进行入木三分的刻画,并研制出雕、搓、干、湿、刷、刮、撒、拖、弹等上百种独特技巧。在每一幅画中,"双管奇侠"共同追求着刚柔并济、疾缓自如、轻重交替、疏密有致、动静随意的艺术真谛以及纯净朴实的生命气息和生活原音。"东方双侠"的画,如音乐、舞蹈,又似诗歌、散文,是多样化艺术的组合与升华。

作品飞往海内外

2002 年 11 月,在上海第六届国际艺术博览会上,"东方双侠"展位前场面火爆。200 本《中国当代实力派油画精品丛书》被一抢而空;3 套上千本 2003 年精品油画挂历全部售罄;20 多幅"双侠"力作也在 5 天中减少了一半;展览期间,美国苏可画廊、台湾现代画廊、瑞士莱蒙画廊等多家画商前来洽谈合作意向;一对台湾夫妇专门从美国赶来,看了"双侠"的作品以后,十分惊讶地表示,无论如何也不能空手离开上海,最后,他们以 3 万元买下一幅《捧蜡烛》,临别时还特意同"双侠"一起合影留念;一位新加坡的女老板出价 960 万元要求订购 100 幅画,岂料,赵、霍两人异口同声一起回答说:"我们永不复制画!"

陈乐三：加州沪人挺申城

加州上海人陈乐三自从当上美国北加州上海联谊会副会长兼财务长之后，每天都在为那里的"上海人"忙个不停。日前，陈乐三再次从旧金山赶到上海来寻找商机。他说，中美两国、旧金山与上海两市之间的合作空间十分广阔，那里的"上海人"都很想为家乡做点事，他希望以柔性流动的方式，增加两地之间在文化、旅游、商贸等领域的交流。

北加州创建上海联谊会

新世纪第一秋，正当上海成功举办 APEC、美国总统布什就任后首次出访上海、亚太各国领袖一致形成上海共识之际，上海成了举世瞩目的关注点。美国东贸国际集团董事长王志荣也特意赶来考察上海。回去后，他立即约请了屋伦银行副总裁韩仕心、旧金山东方律师事务所所长张亦弛、美国共和党协会主席周定宇、中医师李翠英、国画家陈乐三等人，在屋伦上海王大饭店的贵宾厢里，共同商讨成立以旅美上海籍乡亲为核心的非牟利性社团——美国北加州上海联谊会的必要性与可行性。

大家一致认为，在世界兴起"上海热"的关键时刻，成立这一组织对扩大各领域之间的广泛交流与合作，具有深远的历史意义。王志荣被大家推举为首任会长，陈乐三为副会长兼财务总长。之后，又聘请了泛亚公司总裁方李邦琴等十余位知名人士为名誉顾问。对此，王志荣会长指出，联谊会的成立适应新世纪的步伐，新时代的上海人要不负历史使命，为中美经贸的发展，为两国科技文化的交流，作出应有的贡献。《中华论坛报》董事长、联谊会名誉顾问郭华光说，上海人很能干，也乐于助人，许多移美上海人都事业有成，且与海外华人有着亲密的关系。陈乐三则表示，联谊会的成立使广大海外上海人有了一个大家庭,除了继续搞好艺术交流以外,他愿意在经济上为大家管好这个"家"。

2001 年 11 月 24 日,美国北加州上海联谊会成立庆典活动假座旧金山市四海酒家举行,上海市侨办、侨联发去了贺信。余胤良博士、郭丽莲大法官、顾思聪代表总领事、周凌军名誉会长、王志荣会长、韩仕心理事长、陈乐三副会长等参加了揭徽仪式。余胤良代表市长、市参事麦高理向上海联谊会颁奖,郭丽莲大法官与周定宇监事长率全体理事宣誓就职。来自全美各地 300 多名在海外的"上海人"出席了这次活动。旧金山市长威利·布朗、中国驻旧金山总领事王云翔等为庆典活动题词。陈乐三先生则为联谊会精心创作了会徽和会歌,并且向大会赠献了大幅国画《锦绣山河》。

农工学教经历全面

陈乐三出生在上海的一个艺术世家,从小在充满艺术气息的环境中长大。5 岁起,他师从上海音乐学院附小老师方伦练习钢琴。7 岁开始喜欢绘画,对花草树木、天空月亮等尤为钟爱。后来又得陶冷月、顾默飞等著名画家的悉心指导,画艺大进。中学毕业,陈乐三去奉贤五四农场种了四年庄稼。后来,他被调入上海耐火材料厂,在大炉车间当了三年锅炉工。1979 年,陈乐三考进上海科技进修学院电器专业读书。毕业后,进入上海市冶金局技术学校执教。在此期间,不论当农民还是当工人,不论在校园里读书还是在课堂上教书,陈乐三始终没有把手中的画笔放下。陈乐三利用农余、工余、课余的空余时间,孜孜不倦地钻研着自己爱好的国画艺术,并拜中国山水画大家应野平先生为师。所绘作品也得到了刘海粟、程十发、颜文梁等前辈的认可。

1987 年,陈乐三向朋友借了钱赴澳大利亚墨尔本自费留学。从墨尔本计算机学院毕业后,他又去墨尔本艺术学院攻读西洋艺术。他凭借自己在农田里练就的吃苦耐劳的毅力,投入了半工半读"洋插队"的生活。早晨,他很早起来,练习"功课";白天,上学读书;晚上,去饭馆端盘洗碗。周末,他还要到一家洗衣厂的洗涤车间去清洗被单。整个洗涤过程是机械操作、全自动运作的,当班工人只要把机器洗完的被单折叠放好就可以了,但手脚少许慢一点,就会赶不上。一次,他去洗手间的时间稍微长了一些,出来的时候,洗好的被单已经堆得近一个人那么高了,他被领班狠狠地瞪了一下。后来,他又在一家名为天鹅湖的食品公司的技术部门担任食品图案设计。那时,在墨尔本不少商场食品柜台的艺术包装上,在澳洲航空公司所定制的空中食品的裱花图案上,都可以看到陈乐三绘制的作品。

古今中外融会贯通

2000年秋末,陈乐三移居美国旧金山市。到达那里才一个星期,他就听说当地的美洲亚洲艺术学会将主办第16届国际艺术家联展,于是马上送去了两幅作品。不久,为期一周的联展在旧金山孙中山纪念馆举行,陈乐三的两幅国画均被选中参展,并得到当地艺术家的一致好评。12月初,陈乐三第一次领到了美洲亚洲艺术学会颁发的荣誉证书。除致力于绘画创作以外,陈乐三还在汉艺广告公司担任艺术顾问,利用空余时间为当地民众教授国画艺术。

2001年10月27日,在旧金山市威利·布朗市长出访北京的前一天,陈乐三将他赴美后的最新得意之作《大峡谷奇观》赠给了这位声名卓著的黑人市长。《奇观》气势非凡,笔法灵动,融中、西、今、古技法于一体,倾注了这位来自东方的艺术家对西部胜景的独特理解。陈乐三运用笔墨将中国画意境结合自身的感悟,对气势磅礴的大自然风貌进行了淋漓尽致的表现。布朗市长接过赠画以后,连声称好。

2002年1月9日,由艺湾美术家协会主办、三藩市政府支持、多家社团与公司赞助的星石美术联展在旧金山市政府大厦展览厅举行,展出陈乐三、汪铁、黄汉龙等七位来自上海的艺术家的近百幅作品。以"星石"为名,喻示着这七名艺术家把自己比作天上星星和地上石头,使自己的作品起到承前启后、抛砖引玉的作用。陈乐三拿出了十幅精美的作品参加联展,他是其中唯一展示中国山水画的艺术家。

柴　云：小云返沪继大云

　　国画大师唐云嫡传弟子柴云东渡日本闯荡多年，再次回上海寻找自己今后的发展空间。柴云说，他住在东京最高级的住宅区，生活渐渐稳定，然而毕竟是异国他乡，条件再优越，感觉就是不一样。

　　现在上海的经济实力、生活环境与以前完全不同了，柴云希望能经常来上海，通过柔性流动的方式，为上海以及祖国的发展，也为自己能继承"大云"遗志，在上海弘扬唐派艺术，做一点事。

嫡传从交杯开始

　　柴云早年出生在上海的一个教师家庭。受其父熏染，喜欢京剧，3岁起即当上了小票友，得李秋森等前辈指点，每天练嗓子、习武功、翻跟头，经常去天蟾舞台等剧院演出。

　　11岁那年，柴云跟着姐姐来到唐云大师家。唐云见到柴云，第一句话就问他喜欢什么。柴云很得意地回答说，喜欢唱戏和写字，在舞台上翻个腾空跟头没问题，学校里的书法比赛第一名。唐先生拿出纸和笔，要他写几个字看看。柴云当场写了一首唐诗绝句，先生看了大加赞赏，一边抽着香烟，一边对柴云说："你不要再唱戏了，跟我学画画怎么样？画画可以赚钱！"柴云听了，连连点头答应。接着，唐先生拿出了笔、墨、纸、砚文房四宝，还拿出了一本怀素《千字文》和一瓶绍兴花雕酒，叫他带回去好好练。第二天，柴云带着完成的作业去给先生看。唐云看了以后，一面点头，一面向他解释：怀素的精华在于超脱自然，豪放不羁，有了这个根底，以后做人和画画才会有气派；学书画，一定要先学会吃老酒，只有会吃老酒，画画才能有胆魄，作品才会有飘逸感。说完，唐先生就拿出了黄酒和花生米。此后，柴云几乎每天去先生家"陪酒"。唐云喜欢酒后作画，柴云就在旁边磨墨、铺纸，当助手。唐云的作品必须由柴云装裱，家里的书画必须由柴云挂墙，别人想要抢着挂画，必定会挨唐先生一顿痛骂。至今还有人戏称："与唐云交杯不透的人，不能算他真正的朋友。"

大云呵护出小云

柴云在老师的帮助下，艺术水平与日俱进。一次，柴云绘成一幅《鱼鹰图》立轴，唐云随即在画上添加起来，不一会，几根飞动的芦苇从石头缝中传神地蹿了出来。先生指着画面对他说："你我两人的关系就好像这芦苇与石头，相互依存，密不可分！"唐云先生自号"大石斋"，又专门为柴云题写"倚石轩"三字相赠，柴云至今把这幅字挂在自己的家中。

有一次，一位朋友在市场上以 1.2 万元买进一幅唐云画的《枇杷小鸡图》，高兴地拿来给柴云看，柴云当即指出，这是赝品！只要是先生的画，他不但能辨出真假，而且还能从画面的笔法上闻出先生的酒气。那位朋友很不服气。于是，柴云拿出笔墨画了起来，并从小鸡的脚爪上点明真假的区别。

唐云先生去日本访问，由日本绘画协会会长、大画家加山又造负责接待。当时，加山的画在日本一幅要达好几千万日元。加山又造对唐云十分恭敬，谦虚地说："我的画实在不像样子，作为礼品，画与画册，先生挑选哪一件？"唐云说："便于系统地了解加山的风格，就选画册吧。"回到上海后，唐云就将画册送给了柴云，并且要他好好地学习。1988 年，柴云到"大石斋"向先生告别，说要去日本闯天下。临别时，唐云特意为柴云写了一封推荐信。

出国传艺当画师

金秋 8 月，柴云到了东京，半夜零点十分走出码头，身边只带了 1 万日元。当时柴云人地生疏，两眼一抹黑。虽然柴云想起了身边那封先生的推荐信，但他更记住出国后要为先生争气，咬着牙关没有把它拿出来。柴云叫了一辆的士。司机看到他手提行李刚来此地的样子，怕白开赚不到钱，不准柴云上车。当时柴云不懂日语，只能在纸上写下"金有"两字，司机这才让他上车。柴云拿出一位老同学在东京的地址，司机一看"哈矣"，谁知七转八弯，兜了好大一个圈子，一下子花掉 7 000 日元，弄得柴云出了一身冷汗。

10 月起，柴云进东京国际语言学院进修日语。课余时间，他在赤板著名画廊"绘的广场"任兼职画师。在画廊，必须根据老板的指令作画，当地的绘画毕竟与国内有异，传统与现代风格也两样，除了流派，材料质地更是大为不同：用纯厚粗杂的岩矿物作颜料，纸张则是很厚的麻布或者绫绢，时而工笔，时而写意，有的用于布置商店橱窗，有的则用于装饰宾馆客房，有时还要按照客户的要求书写招牌或者镜框。柴云利用画廊的条件，深入研究日本近代大家如横山大观、竹内栖凤、速水御舟等的画风，画艺大进，深得画廊老板三轮武志的赏识，不久便成了"绘的广场"的专职画师。

在三轮武志的帮助下，1989 年，首次"柴云中国画展"在《每日新闻》社文化展示厅举办，许多观众特意从日本各地赶来参观。这次 40 多幅作品，主要是工笔花鸟，不到三天，全部被抢购一空。

艺术追求无止境

1990 年，柴云加入大日本美术家联盟，他在东京的社交范围渐渐扩大，他的作品在当地美术界也开始流传起来，不少艺术爱好者纷纷慕名前来拜师，柴云当上了业余美术教师。他更忙了，每周一至两次上门教书法和绘画，有时还要带领学生们一起外出写生，每小时收费 1 万日元，相当于普通打工收入的十倍。那些学生，尤其是许多退休的日本老人，对能够请到这位年轻的中国画家作为家教感到十分荣幸。柴云告诉笔者，那些老人不仅仅为了学画，而且还非常希望沟通，更希望同中国当代的年轻人交流，他们都觉得从前日本对不起中国。

1995 年起，柴云加盟曙光株式会社任宣传部主任。这家会社由日本著名出版机构真珠社转变而来，现在成了一家艺术品的贸易公司，专门从事印章、瓷器、青铜器等古玩艺术的经营、采购和鉴定。柴云如鱼得水，他早年受唐云大师真传之本领得以大展身手。柴云说，许多日本的艺术都来源于中国，比如竹上秀亩的水墨画功夫非同一般，他明显属于传统的中国画派，但如今，传统的水墨技法已经退化，倾向于西方的现代派画法已占领当今日本市场,使正宗的中国画在日本失去了市场,这是非常可惜的。

后来,柴云每年仍要在东京闹市中心,如三越百货店、东武百货店等著名商场举办一两次个人画展,作品标价一二十万日元不等。有的客户知道他是正宗的唐派传人,专门要请他到家里去作画。一次,一位桐生市的不动产商人特意赶来定制一件两曲屏风,指定要柴云当着面画,开价50万日元。群马县佛教协会会长市村真寿也专程赶到展览会现场,将柴云请到善清寺去绘制牡丹、花卉、山水等,每幅出价也达三四十万日元。

柴云颇为感慨地说,他要继承唐派艺术,并向更高的境界迈去,但画画的人一定要有自由,且不能被别人牵制、不能把金钱看得太重,否则,就会失去自由,一旦失去自由,画画的人也就完了。

新克勒

海商新锐

成树芬：企管顾问闯申城

台湾著名企业管理专家成树芬教授以企业再造设计、竞争策略管理、公司上市规划见长。在雕花门窗、雕花书柜、雕花写字台前，这位衣着高雅而不加雕饰的"头脑顾问"操着一口文绉绉的普通话交谈。

她喜欢上海这座城市，因为这里发展快、空间大、充满机会、富有挑战，上海人注重游戏规则，对世界各地新来的人来说，有一种安全感，她愿意将自己在智慧管理上的经验，为上海的各类企业提供服务。

树德务滋广结缘

上海阜康商务公司的成树芬，除资深企管顾问外，还拥有其他多个头衔，如太平洋及亚洲地区妇女论坛台湾代表人，美国人力资源学会会员，耶鲁大学经济研究中心访问学者，中山大学企管系兼职教授，台湾速必威电信公司、欣格人力资源开发公司、上品管理顾问公司总经理，台湾职业妇女文化交流协会副会长，大洋洲经济文化协会秘书长等。

成树芬出生于台湾花莲港，原籍湖北黄陂，台湾大学地质系毕业，1978年以优异成绩获得美国加州柏克莱大学管理学硕士。此后，她便当上美国D&Dwight会计师事务所会计以及Fairchild电子公司财务部稽核，除生产成本、财务规划外，还要考虑经营效益。

1980年，成树芬来到高雄参与中山大学的创建工作，同时担任台湾外事部门属下大洋洲经贸组织秘书长。不久，她正式加盟中山大学，在企管系教授"工业管理"、"工程经济"和"企业财务"等，又在工学院教管理课。成树芬将自己的必修课改为选修课，听课数从原来的80多人压缩到40人以下的小班，进行手把手的传教，让学生在课堂上学会理论联系实际的本领。此外,她还在中山大学创办"张师母办公室",在科技大学创建"谈心老师"热线,成了青年学子的好朋友。

腾蛟起凤游有余

上世纪 80 年代,高雄的制造业开始崛起,成树芬的才华如鱼得水,游刃有余,先后创建了上品企业管理顾问和欣格人力资源开发两家咨询公司。上品公司主要针对企业经营中遇到的问题来接案子,先从企业管理的诊断入手,对产品的市场定位测评,然后根据不同情况,提出改进建议,以培训方式制订出计划,确立品质标准,改变业务流程,形成全新的产业链管理,最后进行考核评估。

她在品质管理和市场策略两方面双管齐下,引进日本"品管圈"的管理模式,全面贯彻在产品生产的每个过程、每一环节的每一部分之中,使高雄不少制造业为之得益,并且为他们的产品参与全球竞争打下了扎实的基础。后来,由于台湾的市场实在太小,东南亚低价劳动力市场的形成,出口压力加大,当地 95% 以上的企业用"挤毛巾"的方式,将成本中的水分几乎全部挤干。成树芬适时提出智慧管理理论,且再一次在实践中得以充分施展。她将人力资源作为第一资源来经营,将公司的重心由上品移到欣格,又将管理的重点转为人才,转为智慧,更将原先的客户中有经验的专业人才吸入自己公司,形成智慧管理联盟。她的企业合作顾问超过 30 个,日立、三洋、飞利浦、中油、日月光等著名企业都先后成了她的合作伙伴。成树芬颇有感触地解释,朝经济全球化方向发展,并不是要求所有企业都到世界各地去开厂,而是有效地利用及开发全球的"产业链"和网络时代的智慧资源,这样才能使自己的企业在竞争中立于不败之地。

流藻垂芬显实力

成树芬还利用公司在人力资源开发上的优势,设计了"妇女二度就业计划"。台湾许多就业妇女,包括单位,尤其是金融机构,都会要求年轻的妈妈生了孩子以后就离职回家,想去上班也不成。公司在招聘中一般都会提出"三要",即要招男性、要有工作经验、要会使用电脑等现代办公设备,使不少女性尤其是已婚妇女想再回职场时,尽管具有很高学历,仍然难以

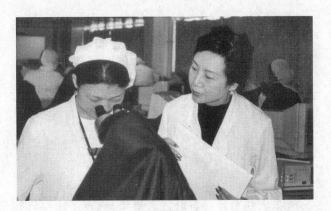

成树芬

找到工作。

　　成树芬亲自走访许多企业，说服他们转变只招男性的用人观念。她还为当地设计妇女生涯规划与技能开发培训，如举办美容、花店、早餐班，以提高她们的就业能力，成功的例子不胜枚举。大统一百货集团原来一贯不用已婚妇女，经过成树芬多次解释后，终于修改了有关制度，每年创造出数百个妇女就业机会，尤其是"二度"就业岗位，既有效降低员工的流动比例，也使公司效益得到提高。经成教授培训后上岗的妇女每年超过 200 名，成功创业率在 20％以上，二度就业率大于 50％。

　　1999 年起，成树芬到美国耶鲁大学经济研究中心当访问学者，总结自己经历的企管经验，并对"企业智慧资产管理"进行专题研究。如今，成树芬带着她的学术成果来到上海，为多家公司作智慧管理报告及制订智慧开发方案，并且走南闯北，对江浙两省及京津等地有关企业进行深入考察。从她的专著中，也可领略到智慧资产管理的魅力。

张宏伟：合成陆家嘴 CBD

张宏伟曾亲自赶赴江苏南京，代表泛太平洋在全球著名住宅设计大师南京峰会上，作题为"设计创新引爆住宅市场"的专题报告。接着，他又双奖临门，由泛太平洋出品的"上海一街坊"获得上海市住宅设计创优项目优秀奖；而"东方名城"再次获得新世纪人居经典住宅方案竞赛综合金奖。

由旅加海归张宏伟亲任 CEO、总建筑师的泛太平洋设计公司，自一举获得陆家嘴中心区城市设计国际咨询项目以来，每年在城建设计或规划项目中硕果累累，如 1999 年苏州"美之国"获建设部"百乐杯"综合金奖，2000年新外滩"置地花园"获跨世纪最佳住宅环境和房型奖，2001 年上海"大花园"则获规划建筑形态金奖。

以低调取胜

泛太平洋设计与发展公司坐落在浦东陆家嘴中心区的中心，世纪大道南侧，世界广场楼上。窗外高楼耸立、白云飞扬，室内墙上镜框里挂满了各时期"生产"的代表作，其中有九寨沟国际度假中心、长春五环体育馆、上海陆家嘴、新外滩……满脸红光的张宏伟指着墙上一张咨询公司的执照，微笑着说，这就是他刚来上海创业时的第一块牌子。几年来，公司在激烈的市场竞争中步步前进，其中最大秘密就是"以低调取胜"。张宏伟手下有好几位金发碧眼的加拿大皇家设计师，也是他实施低调战略过程中的高参和后盾。

1994 年，浦东开发的基本格局初步形成，陆家嘴开发公司请了五家国际著名设计公司做概念性形态规划设计，新区与陆家嘴公司又成立陆家嘴

CBD规划深化小组,专门负责深化陆家嘴中央商务区1.7平方公里的整体设计规划,将英国咨询公司做成的交通规划、市政设计院做出的市政规划、陆家嘴公司完成的形态规划这三个规划综合协调,并将地下空间的开发与利用等不同系统进行有机整合,形成具有可操作性的实施方案。

刚在加拿大成立泛太平洋公司的张宏伟,正好来上海探亲访友,四处托朋友为他在上海寻找发展机会。得知陆家嘴深化小组在规划合成中遇到种种难题,城市设计专业出身的张宏伟十分感兴趣。他马上赶到陆家嘴开发公司,向深化小组讲解合成规划的必要性和重要性,以及在合成过程中需要做些什么、有些什么要求等。张宏伟还带着从加拿大请来的专家为浦东新区讲课,重点介绍国际上优化整合城市设计规划方案的先进经验。不久,深化小组就将陆家嘴CBD城市设计的合成委托给泛太平洋公司。

张宏伟又特地去加拿大为这一项目领到了"种子钱",即向安大略省工商技术贸易部申请到由他们提供的国际技术咨询前期赞助费用,也为不少加拿大建筑公司参与陆家嘴地区开发的国际竞标项目打下了基础。经过一年多的努力,张宏伟代表泛太平洋公司与加拿大FSC项目规划公司一起在竞争中取胜,签下了关于陆家嘴地区CBD城市设计开发国际咨询协议的合同。

从死亡中逃生

1996 年,张宏伟正式从加拿大回到上海,住进雁荡大厦。那时,他为了浦东开发,为了陆家嘴工程,为了公司计划,为了抢占市场份额,为了消化引进的技术,夜以继日,废寝忘食,每天都要工作 13 小时以上,经常在中、加之间,浦东、浦西之间来回奔走。在浦东新区接待中心建筑设计国际招投标竞争中取胜,收到新区管理委员会寄来中标通知书的那天下午,张宏伟终于支撑不住,病倒在床上,被同事急送到瑞金医院抢救。当时,他高烧达摄氏 39 度,心脏每分钟 120 多跳,血压降至 40～60,大小便出血,内脏器官也出血,医院当即开出病危通知书,但当时全家只有他一个人在上海。

幸运的是,他遇到刚从加拿大留学回来的主任医师王教授。王教授当机立断,马上把他的气管切开进行抢救。据诊断,张宏伟是因感冒引发肺部感染,属于一种急性呼吸紧迫综合征。经过整整两个星期的紧急医治,终于把张宏伟从死亡线上夺了回来。两个多月以后,他才康复出院。张宏伟指着头颈说,他的喉部现在还留有很深的伤疤。

从小经受磨练

张宏伟 1962 年出生于无锡江阴县的一个小乡村。从小,他就与大人一起放牛、播种水稻、割麦子,在农田里,他以最辛苦的劳动挣得最低的学生工分,在难以平衡的支点上,练就了善于吃苦耐劳、不屈不挠的韧劲。他的手指上至今还留着镰刀的伤痕。

1979 年,张宏伟考入南京工学院建筑设计专业。他的数理化基础与美术成绩都不错,大二时,荣获全国大学生建筑设计佳作奖。1983 年,张宏伟取得工学学士学位后,考上东南大学建筑研究所,在著名建筑学家杨廷宝教授指导下攻读研究生。后来,他又转从著名设计大师、工程院院士齐康教授。1986 年获得硕士学位后,他被分配到上海华东设计院第二设计所当建筑设计师。那时,所里接到的重大建筑设计项目,张宏伟都会积极参与,由此积累了不少实践经验。张宏伟还发起组织青年建筑师沙龙,经常进行学术交流,不久,便成了院里走红的青年技术骨干、"三驾马车"之一。1992 年年底,张宏伟以移民身份去加拿大多伦多与妻子团聚。

1994 年年初,张宏伟在多伦多创建泛太平洋设计与发展有限公司,同一年,又在浦东新区成立了上海办事处,旨在洋为中用,为上海这座国际化大都市创造符合现代人生活的空间环境。如今,泛太平洋的经济效益与社会知名度稳步提升,为上海未来发展服务的本领也不断增强。

游国隆：奥图掌柜游浦江

咖啡时尚在申城日趋走俏。年轻的咖啡专家游国隆瞄准了这一新兴市场，带着他创建的"奥图"品牌从台北来到上海。精研咖啡学的游国隆整天沉浸其中，乐此不疲。他说话慢条斯理，有时甚至只听不说，然而，只要咖啡一到嘴边，他就"出口"非凡。

游掌柜拿着杯子坐在最里面，独自沉思。一听到关于咖啡的故事，他便兴奋了起来。温度、浓度、新鲜度，酸度、甜度、苦涩度，清咖、拼咖、奶咖、混咖、花色咖，甚至连出产地、烘焙时间、牌子，他均能一一道出其所以然。

咖啡创业来上海

游国隆 1962 年出生在高雄，祖籍山东章丘。他 4 岁到台北，高中学商科，1987 年于台北世界新闻学院公共关系专业毕业后，先后从事空运业、快餐连锁业等。在市场开发、业务管理上，游国隆自成一法。而立之年，他发觉咖啡的市场空间大，发展速度快，内心也想做一番自己喜欢的事业，于是开了一家咖啡馆。三年后，由于经营有方，游国隆的咖啡馆从台北一千多家咖啡馆中脱颖而出，获得"台北 WORLK"咖啡评比优胜奖。当地的行政、媒体、出版等各界人士成了那里的常客。

有一年，游国隆独自去咖啡文化的故乡意大利威尼斯旅游。威尼斯的城市设计与建筑十分典雅，空气清新，环境整洁，风格古典，不论大街还是小巷，各种样式的咖啡吧随处可见。店里的布置更为优雅，空间都很紧凑，颇有家的感觉。当地人经常进去要一杯浓缩的，站在吧台上喝完就走；来自世界各地的观光客，则会坐在里面慢慢地品尝。老板们的风格也很随便，平时一有事，就会在门口挂上牌子离开，每年夏冬两季都会休假去旅游。威尼斯的咖啡馆,白天店里经常空荡荡,到了夜晚,几乎家家烟雾弥漫。市民们工作之余喜欢去那里放松、减压,咖啡吧成了大家生活中不可或缺的一部分。年轻的游国隆被威尼斯的咖啡文化氛围所吸引。

2000 年秋天,游国隆独自来祖国大陆旅游。考察后发觉,上海滩商机多,市场的潜力不可估量。他当机立断将台北的店铺了结,带着太太和孩子一起来到上海。目前,在浦东正大广场"现代风"、兴业路新天地"PIZZA PAZZA"、瑞金南路海兴广场、虹桥路半月湾花园等多家高档餐厅里,都能品尝到游国隆配制的奥图咖啡。游国隆亲自研发的新一代咖啡机也开始批量上市。此外,游先生还透露,他准备为上海的咖啡爱好者举办相关知识讲座,为上海咖啡领域的工作人员提供国际一流的技能培训。

全球时尚咖啡热

目前全球最大的咖啡巨头——星巴克在世界各地开了 4 000 多家连锁店,在上海地区也相继开了 40 多家。其主要产品有:意式浓缩,由特殊配方压缩而成,味道香醇浓烈,浮面金光闪亮;卡布奇诺,以意式浓缩为基调,混合适量鲜奶,加细致绵密的奶泡而成,香浓扑鼻,令人喜爱;拿铁,亦称牛奶咖啡,其牛奶比例高出卡布奇诺近一倍,性质温和,平易近人;美式摩卡,由拿铁去掉奶泡,加少许巧克力酱,再挤上浓质鲜奶油,成为年轻人的入门品;等等。

过去,欧洲人喜欢喝意式浓缩或卡布奇诺,美国人喜欢喝美式咖啡,日本人喜欢喝用虹吸壶煮出来的咖啡,而现在,全世界似乎都开始习惯于品尝用意式咖啡机制作出来的各式咖啡,上海作为一个国际化大都市,自然也不例外。起源于西方的咖啡慢慢传入了东方,近年来又从中国的沿海地区渐渐延伸到内地。先是金发碧眼的老外,再是海外回归的游子,目前已逐渐扩展到追求时尚的年轻人。追求时尚、新鲜、刺激的年轻人很快接受了这种外来的文化,并融入了他们的日常生活之中。

闻香品咖识君子

咖啡的"风味"有巧克力味、焦糖或麦芽糖味、土味、果味、酒味、奶油味、辛辣味、烟草味等,"口味"有酸、甜、苦、咸等,"口感"有平和、收敛、浓郁、饱满等。事实上,咖啡是很主观的,因环境、温度甚至心情的不同,都会使口味在无形中发生千变万化,但真正的好咖啡,在饮用之后,口内的余味久久不会离去,就像昔日的恋人总能在眼前浮现。专业咖评家用不同的等级范围与标准术语来描述所品尝的咖啡。

2001 年夏天,新天地 VABENE 餐厅董事长龙老板找游国隆为他的意式餐厅配制一种新潮咖啡。不久,游国隆将专门研制出来的咖啡送了过去。龙董特意请了来自香港、新加坡、加拿大、意大利等国家和地区的八位酒店专家进行鉴定,并叮嘱整个过程由 VABENE 总监罗先生亲自主持。

龙老板拿出十多种国际知名品牌咖啡,将外包装拆开后交给了罗总监。初评结束,八位专家从中选出了两种,然后,对这两个品种进行封闭式评比。经过仔细品尝、逐一打分,最终公布结果,游国隆配制的奥图咖啡以 7 比 1 高分拔得头筹,而获得第二名的便是 VABENE 餐厅以往长期使用的意大利 ILLY 咖啡。最终,龙董决定今后在其集团属下的各家连锁餐厅中逐步改用游国隆的奥图咖啡。

黄馨仪：太谷设计 CEO

太谷设计总监黄馨仪，竟然是一位身材并不高大、相貌并不惊人的台湾小姐。公司的重大事务全部由她亲自拍板，换句话说，她就是公司 CEO，而员工们都叫她"黄姐"。

"太谷联合设计"是一家台商独资的小企业，但在建筑设计行业中别具名声。所谓"联合设计"，是指公司的业务在沪、台两地联动开发。

事业：喜爱上海滩

黄馨仪出生于高雄市一个普通家庭。据她自己考证，祖上十代以前是福建泉州人。很小的时候，黄姐就迷上了画画，尤其喜欢画高楼大厦。1985 年，她以优异的成绩毕业于台北大学建筑技术系，后来又去纽约进修。用黄姐的话来说，她去美国，不能算留学，大部分时间都在玩，在观赏纽约的建筑物。1991 年深秋，黄姐随朋友一起来祖国大陆旅游，从南方的深圳、广州起，经温州、南京、上海，再到北京、天津、青岛等，一个月内一下子玩了十多个城市。在这一个月的旅游过程中，她被上海的风土人情所吸引，回去后不久，又独自来到上海，一留竟是十多个年头。

黄姐觉得，1993 年以前，上海的建筑颇有传统味道，尤其集中在里弄石库门的情调上；此后两三年间，整个城市在进行翻天覆地的大调整，到处拆迁使上海很"痛苦"，她很想拣一些铁栏、石柱、木框等废弃物回来，但富有特色的建筑"垃圾"太多了，拣不胜拣，结果一样也没有拿到；1996 年以后，上海以一座崭新的大都市出现，不仅走在马路上感觉完全不同了，进出的手续也不一样了，以前每次都要到出入境管理处去办手续，很麻烦，现在一年只需签一次，就可以多次出入境，很方便。她每月仍要回台北一次，最多的一年在沪台之间竟然跑了 18 个来回。黄姐笑着说,她对两地航空业的贡献最大。

经营:案子管理法

上海太谷设计咨询有限公司 1994 年春天成立,公司注册手续全是由黄姐亲自去办成的。黄姐在上海考察了近三年。她了解到,在昆山办企业,条件比上海要优越,等到所有文件都出来,再办一张在上海经营的异地执照,同样做生意,比在市区办公司的优惠还要实惠。黄姐没有委托当地的"一条龙"咨询机构办照,她把申办公司的所有材料准备好,直接赶到昆山工商部门去申请,开始预计两三个星期就可以办出来,结果来回折腾了好几次,拖了三个多月,手续才办成。

公司成立初期才 5 名员工,全部来自台湾,以后逐步本地化,现在已变成上海、台湾各一半。关于"本地化",黄姐说,这不仅可以降低企业成本,而且可以提高工作效率。她说,公司的最大财富是员工。在公司内部,大家一律平等,所有员工只有岗位不同,没有级别差异;只分能力大小,不分层次高低。黄姐办公室的门平时是不关的,只要她不在,谁都可以进去用。黄姐有上海的驾照,除了工作需要,平时一般不麻烦驾驶员,晚上外出都自己开车,有时还亲自开着车送员工们回家。

公司实行"案子(即项目)管理",日常经营都以案子结算。案子有大案或小案,每个案子都由一个人专门负责,只要一到手,从头至尾都由他"一竿子"到底。这样,公司责任就自然地落实到每位员工的身上,每一个人都必须对自己的案子负责。公司的案子以室内装潢设计为主,逐渐延伸到室外景观设计。所有人的收益都与案子挂钩,案子做好了公司才有收益,公司好了大家薪水都会提高。

黄姐设计的最大特点是简洁,她的最大苦恼是客户不理解。有时黄姐根据简洁化要求精心设计出来的稿件,客户会指着图纸问"怎么这样简单呀",弄得她一下子无从回答。黄姐的最大乐趣全在公司、在公司的案子上。她不无得意地说,自己做事、办企业都很规范。她不怕市场竞争,且乐意照章纳税;她不想把企业的规模搞得太大,但企图将公司继续做得小巧玲珑,个性鲜明,实力强大,在同业内所向披靡。

感觉：上海不一样

十多年来，黄姐觉得，上海有朝气，生命力强，城市发展快，案子也多；上海人精明，赶时髦，凑热闹，好攀比，家庭案子更多。她告诉笔者，用台湾的习惯说，这叫做上海的"风水"好，生意好做，忙得开心，感觉也不一样。在案子中，她体会到，北京人"硬"，上海人"圆"。比如说，同样一个案子，墙面装饰平均贴面 100 元，北京的客户会要求，每个房间的用料都必须 100 元/平方米，而上海的客户则会提出，大间的客厅用好一点的料，如每平方米 150 元左右，小间的餐厅用料可以差一点，如每平方米 50 元左右，这样也可以控制在平均 100 元/平方米左右。如果能掌握客户的心理特点，在接案子搞设计乃至施工中就容易多了。

黄姐说，在商场上，台湾人"爽"，上海人"精"。在台北做生意，尤其是老生意，一般打个电话，就开始接案子了，完工后，双方按事先的约定验收结账；而在上海做生意，往往每次都要上门谈价钱，最好每一次都能优惠一个点，有时一个案子需要来回谈几次，等到双方谈定后，才能开始做案子，否则，心里总是不踏实。黄姐说，上海的热心人多，她在上海的朋友也很多，遇到什么困难，就会有不少朋友抢着帮她去搞定。她现在的生活十分充实，也很快乐。

章金元：玻璃世界开拓者

　　台湾玻璃业巨头、台北市玻璃商业同业公会理事长、《玻璃世界》社长、元璋玻璃股份公司总经理章金元对来上海参与国际化竞争充满信心。作为台北最大玻璃深加工企业的当家人，他经常在北京、上海、台湾等地轮流转，将上海的科研开发与台北的深加工相互结合，还打算在上海北外滩开发中露上一手。

　　在上海锦沧文华大酒店举行的元璋玻璃新产品发布会上，章金元向100多位各行业的来宾承诺，元璋企业将一如既往地以全新产品向客户提供十全十美的品质服务。

从服务创新中入手

　　问世已有半个多世纪的元璋公司，当初是由郑、吴两家所创办的小型五金店，如今已逐步发展成为亚太地区较有影响的科技型玻璃深加工企业。公司年生产规模已突破2亿多人民币，员工300多名，其中三分之二以上是专业技术人才。公司每年都要更新设备、新增人员，开发新品达10种以上。企业创新、产品创新、人才创新是章金元长期来一以贯之的根本所在。1996年9月，元璋公司在玻璃行业中率先通过ISO9002国际品质认证，随后，又取得CNS正字标记品质认证。"品质、速度、服务、创新、分享"十字，成了企业发展追求的目标和宗旨。

　　上世纪80年代以后，"超级窗户"作为大楼外墙的创新产品逐渐进入市场，成为新一代高级、多样绿色建筑的首选材料。超级窗户是由2至3层薄膜涂层与重气体结合组成，具有冬暖夏凉、阻热隔音等特点，比普通双层玻璃价格约高15%，但其隔热能力相当于8层玻璃，要比双层玻璃强3

倍多,而高效超级窗户的效果更具有 12 层玻璃的水平,其外观与双层玻璃没什么不同,但成本则比 3 层玻璃还要低。所以,总经理章金元始终以开发新品为企业创新的生命线。

在品质革新上用功

适应可持续发展要求,让地球活得更长一些,则是章金元经常思考的又一话题。玻璃制造中一般都要加入 20% 的回收玻璃,而涂膜玻璃由于其中含有重金属而不能重复使用,元璋公司采用全新工艺制造的双中空玻璃,既可使建筑物具有良好的隔热效果,又能回收重复使用,完全符合环保要求,其透明度高,不反光,隔热强又防紫外线,阻音效果尤其好,难怪章金元经常以此作为企业参与市场竞争的法宝。台北微风广场、台南西武广场、香港赤腊角机场等标志性建筑上都选用这种环保产品。

除技术创新外,章金元在经营中始终将用户利益放在首位。他认为,只有客户的利益有了保障,企业的形象乃至生命才会得到保证。元璋玻璃是目前同行业中唯一将产品质量投入保险的企业,凡元璋公司加工的产品,每一平方米都投保,不论何时何地,只要因质量问题造成损失,保险公司都将如实赔偿,理赔金额每次最高可达 500 万元人民币,每年度投保总额近 8 000 万元人民币。台北友联保险特意为元璋公司研制开发出一种特别的玻璃保险。章金元说,三年多来,没有发生过一起理赔事件,这表明元璋玻璃的质量及其形象已在消费者中建立了良好的信誉。

在管理创新上用心

在 ISO9002 国际品质认证过程中,由于玻璃加工的不规则化以及工序的多样化,给规范化的品质要求带来很大难度。章金元率领全体员工全力以赴,又请了当时最好的咨询公司作现场指导,从生产线、技术科,到市场开发及行政管理,包括各种档案等,都建立了相应的规章制度,前后历时三个月,终于攻克这一难关。

"客户第一"的理念还贯串在平时的服务之中。有时顾客来选购一块玻璃,价值才 10 多元,为了提高服务质量和企业形象,公司会花 300 多元运费,及时送货上门,这就在规范化服务上创出了特色,且与一般的企业拉开了距离。

　　章金元"爱才如命"的经营作风同样也体现在企业管理之中。在员工培训上，他不遗余力，经常亲自为大家讲课，从职业道德到技术改革，内容无所不及。对新进人员的培训则要求更严，且富有独创之举。比如，新进员工第一天来单位报到，章金元让人事部给每人发 100 元，然后让他们出去逛市场，下午 5 点准时回公司。最后，章总亲自听每个人汇报，问他们第一天上班在外面做了些什么，第一个 100 元用在哪里，有没有发票，等等，由此来观察新进员工的劳动态度、创意能力、法制意识，以及各人对自己新工作岗位的用心程度等。他们有的去设计院查询玻璃知识，有的去书店选购相关书籍，也有人外出玩了一天。第二天起，章金元还会亲自对他们进行各种针对性的培训。

　　在制度创新上，章金元同样也遵循"诚信管理"的理念，对部下极其尊重，采取由下而上的程序，仔细听取每位员工的意见，经过反复论证后，各项新规则才正式推出实施。

参与竞争来到上海

　　章金元 1955 年出生在台北的一个玻璃世家，祖籍是福建泉州人。小学四年级起，他就在父亲玻璃行的车间里帮忙搬玻璃。中学年代，他的数学成绩始终是全班第一，课上，他经常向老师提问，课后还经常帮助同学们辅导功课。

　　1977 年，他于台北辅仁大学法律专业毕业后，来到他父亲的玻璃公司，在销售部当起了主管。他直接参与市场开发，与员工们打成一片，还经常亲自为客户送货，听取用户对产品质量的要求。1986 年，在章金元的主导下，元璋玻璃有限公司成立。

　　1989 年以后，他多次来大陆考察，五年后，他终于发现，上海发展的速度惊人，于是，逐步将公司的重心移往大陆，并扎根上海，积极参与上海的现代化建设和国际化竞争。

刘 奇：东京厨艺带上海

在繁华的徐家汇商业区南侧有一方宁静且独具一格的"老天地"，它的位置就在漕溪北路天主教堂的对面。从日本返沪的新上海人、东京名士酒家创办者刘奇亲自出任"上海老站"站长。

这里有一幢建于1923年的欧式建筑，门口的铜牌上写着"上海市文物保护建筑"，它过去是圣母院修女的修道处，现在则成了跨越新旧世纪、连接今昔上海的"心灵驿站"——"上海老站"餐厅的所在地。

留日海归上海滩

刘奇，祖籍广东，上世纪60年代初生于上海，父母都是"老永安"的"老职员"。他中学毕业后，顶替父母成了"新华联"中的"新职工"。1986年秋，刘奇东渡扶桑。学业完成后，先是在丸正株式会社担任食品物流配送工，不久，便独自在东京创办了一家专门经营上海料理的餐馆——"名士酒家"，后来，又开了一家经营香港点心的"名士点心"，生意红火，业绩均可圈点。

1994年年底，刘奇从媒体上了解到上海新一轮开发浦东的消息，毅然放弃那里的一切，回到了家乡。1999年年初，刘奇创建了上海恒银餐饮管理公司，策划、筹备、设计徐家汇地区的"老天地"。正当"上海老站"生意稳定、声名远扬之际，刘奇又开始着手下一项创新规划，准备将昔日的东京"名士餐饮"连锁店"再生"到今日的上海滩，创办"上海老站"的姐妹店——"上海早晨"点心吧。

重品牌与严管理

"上海老站"之所以在竞争激烈的餐饮业中标新立异，关键还在于它的创新思维与软件管理。刘站长告诉笔者，"老天地"里共有 60 多名员工，几位经理层的干部全都来自五星级酒家，有的还具有国外培训经历；新进人员全部要参加集中培训，经考试合格后才能上岗；每周两次培训，全体员工都必须参加，每单元培训结束，大家都要考试；每天上班前要召开一刻钟的班前会，领班向大家交代当天的工作任务，检查手指甲是否干净，不准涂油；女服务员不能留长发，头发长的人必须扎起，并且不准染颜色；每人身穿统一制服，每天更换后一起送华亭宾馆洗衣房清洗；换盆子必须用托盘，透明玻璃杯上不许有手印，乳白色盆子上不准有水渍，每个角落都不得有灰尘；各种茶叶都必须事先定量用棉花纸包好；每三个月要更新一次菜谱；不准当着客户面清理餐桌，来宾到了先在"候车室"等候，服务员在清理好现场、铺好桌布、放好餐具后，才能请宾客上座。此外，每人都要学会使用中文、英文、日文以及普通话与上海话等多种语言接待来客。对于衣冠不整、语言或行为不规范，或者违反上述规定的，都要给予一定处罚，每次 25 元。刘站长补充说，餐饮业树立品牌主要看服务，具体来说，就是要讲究"人员到位、薪水到位和制度到位"，只有将这"三到位"落实了，才能参与市场竞争、保持品牌特色，且取得领先效益。

服务瞄准金白领

对于"白领消费热"，刘站长颇有感触地说：现在各行各业都在争抢这一颇具"悬念"的商机，思路大体没错，但关键要看如何做法。其实，白领的生意好做也难做。比如说，白领精明、识货、消费能力强，他们不会吵架、不会骂人，一般情况下也不会向你投诉、提意见，然而他们挑剔、仔细，只要你的服务稍有一点疏忽，他们就会不上门、不理睬，所以，要真正做好白领的生意不容易。

刘奇透露，"上海老站"能取得白领信任、赢得大量回头客的奥秘就是"认真"两字，只要你把每项工作、每个环节都做细、做透、做到位，广大客户，尤其是白领，不请自然来。一个周末，美国一家医药公司在上海召开该年度亚洲年会，特意把"上海老站"餐厅包了一天。当晚，世界各地药业界 80 余位知名人士全部身穿唐装前来赴会。除精美菜肴外，"老站"还专门为他们准备爵士乐队、时装表演队、民间演艺队等，花园里布置成老上海风情,供来宾们尽情享受。活动一直到凌晨 1 点多才结束,全部金额 15 万元。如此订单,非训练有素、功夫过关、牌子过硬,客户岂会轻易上门? 而其中的各项特殊要求,也并不是任何一家小餐厅能拿得下来的。

老天地配新装备

"老站"由别有情趣的老建筑、老东西、老照片所组成。

从"站"门口进去,走廊宽敞、高阔、深邃,地面上铺设着上世纪进口的彩釉地砖,空中悬吊着老式而又明亮的白炽灯,旁边有一间放着明式座椅的"候车室",中间的橱窗里摆着老式照相机、打字机、电话机等价值不菲的收藏品,墙上则挂满了各种老上海的旧照片,图片上记录着上世纪二三十年代发生在上海的故事……这里的环境将人们对老上海的记忆推向极致,而且使每一位来宾进入一种历史与现实交织的境界。

正面大餐厅豁然开朗,昔日的洋钟、风扇、壁炉、香烟广告与电影海报等旧元素还原出老上海的气质,留声机里不时飘出轻松的爵士音乐,让人们的思绪飞回上世纪二三十年代的夜幕中,使尘封的记忆再度鲜活起来。大厅两侧连接着两节真实的列车式"车厢餐厅"。右面那节棕、黑双色的车厢是 1899 年由德意志汉诺威车辆厂生产的"97318 公务车",同年运抵中国,作为慈禧的宫廷用车;左面那节绿色的车厢是 1919 年俄国叶卡捷琳车辆厂生产的"97431 特种车",1922 年运抵中国,被当时的政府用作公务车,宋庆龄曾用过此车。这两节特别列车的"车厢"由刘奇亲自从东北"挪"到上海,现已成为"老站"的特别餐厅,让人们在用餐时尽情抒发怀旧之情。

陆　豪：充满理想新豪商

卓越集团创办人——陆豪，这位上海新男士从美国留学回来后，在自己的家乡——浦东白手起家，创立起一个颇具规模的企业集团——卓越集团，下辖计算机公司、产权经纪公司、酒店管理公司和投资管理公司等，还包括一个知名度很高的网站——卓越网。"发迹"以后，陆豪仍坚持不懈地努力工作。他说，这是为自己对社会的责任、为自己的名誉而奋斗。

从媒体中掘得第一金

陆豪毕业于北京广播学院，出国之前，曾在上海电视台制作中心工作。上世纪 80 年代末，他赴美国攻读由哈佛大学与香港联办的 MBA。1994 年，他回到中国，创办了一本经济性刊物，在沪港之间来回奔走，通过市场化运作，掘到了人生的第一桶金。

1995 年 IT 热涌现，陆豪与四位朋友一起集资 60 万元人民币，开设了一家管理软件公司，陆豪是法人代表和第一大股东。谁知开张不久，受东南亚金融风暴影响，市场状况一蹶不振，公司业务开展不起来，最困难的时候，连房租和工资都付不出。合作伙伴纷纷提出退股，陆豪却凭着过人的眼光和魄力，毅然决定独自承担下来，并拿出 100 万元，追加公司账户。半年以后，公司开发的财务软件终于成熟，陆豪与闵行区的一家单位做成第一笔业务，一次性卖出十多套管理软件，使得公司开张后第一月净收入达 10 多万元，再过半年，公司开始扭亏为赢，九个月以后，完全收回追加的 100 万元投资。

经营得体事业节节高

两年后,陆豪进入酒店管理行业。他对上海的市场与自己的特长深入思考后觉得,中国人普遍没有摆脱传统饮食文化的影响,参与酒店管理可以广交朋友,将酒店变作公司的公关舞台;而且,他觉得自己对酒店的了解要超过 IT。

在一次参与外地某电脑公司的竞标中,因人生地不熟,陆豪的公司一时很难被当地负责竞标的单位所了解。正巧,公司在当地管理着一家四星级宾馆,于是,公司便通过宾馆总经理展开一系列的公关活动,最终在这场竞标活动中取胜。至今,由卓越负责管理的三、四星级酒店已达十多家。

1998 年起,陆豪又涉足产权经纪,收购了国有的上海建设产权经纪公司。在他的经营下,很快扭转了公司的亏损局面。1999 年,他联合浦东创投、新黄浦合作组建了上海彼菱计算机软件有限公司。当互联网兴起时,陆豪又成为互联网创业投资有限公司的股东,新建的卓越网迅速成长为国内知名的网站。电视台出身的陆豪,对经营媒体的兴趣与日俱增,以股东身份又投资了一家外地报纸的经营权。

目前,陆豪名下已有多家连锁企业,但他的重点开始转移到产权经纪上。由卓越集团负责经营的上海建设产权经纪有限公司改名为卓越产权经纪有限公司,成为名正言顺的民营产权经纪公司。

聪明儒商仍不断进取

陆豪的智商无疑高于常人,从白手起家到成长为亿万富豪,只用了短短几年时间。除了上海良好的发展环境,可能还得益于他所具备的善于观察、敏于思考的精神。陆豪的思路也与众不同,对很多社会现象、经济现象,有着自己独特的见解。

身为土生土长的上海人,陆豪却从不避讳上海人的弱点,更不为上海人的弱点掩饰。他指出,上海人最大的弱点是不愿意被别人利用,怕被人利用,换句话说是精明而不高明,上海人之间很难结成长期的战略联盟关系,相互间总在算计,你能得到什么,我又能得到什么。他以当年创办管理软件公司所遭遇的危机为例,从大难临头各奔东西的行为中,透视出部分上海人的"劣根性"。

亿万富豪常独立思考

上海人的另一个弱点是"小富即安"的思想。陆豪说,哪怕每天打高尔夫球,住在金茂凯悦里,充其量也不过一年花费 250 万元左右,那么"发家"之后,为什么还要不停地赚钱?赚钱的动力又是什么呢?陆豪认为,现在已到了为责任、为名誉而生存的年代了,他要为名誉而奋斗,绝对不会满足于小富即安,目的正如他为卓越集团定下的宗旨:追求卓越,崇尚完美。

陆豪坦言,目前企业面临的最大困难是对年轻员工缺乏有效的约束机制。20 多岁的这一代年轻人,大多是独生子女,习惯以自我为中心,这种"自我"的过度膨胀,便成为极端的自私自利。为了实现个人价值的最大化,他们可以将企业利益抛在脑后,随时可以背叛企业,造成员工队伍的不稳定,已成为企业发展中的一块心病。

陆豪看好中国民营经济的发展前景,他预测,民营经济在国民经济发展中,必然会占到 70%~80% 的份额。

陆豪最欣赏一位文学人物——雨果笔下的冉阿让,他是一个有思想有内涵、内心充满人文主义理想的人,但外表却是商人。

韦 然：灯灯重返上海滩

"中国建筑书店上海销售部"有一个颇具特色的工作室，它的名字叫"中国建筑工业出版社上海工作室"。"掌门人"韦然主任告诉笔者，这两块牌子其实是一套班子，上级是中国建筑工业出版社，总部派出三名精兵强将，其中两位是"老上海"，他们是冲着近年上海的巨大变化而来。

进军上海第一步

2001 年岁末，韦然带领两名部下首先来到这里，他们要在上海大干一场。上海工作室准备在建筑图书的编、印、发上面打开局面，在市中心开一家自己的书店，在郊区建一个大型书库，由此站稳脚跟搞好服务，下一步将面向上海的整个建筑市场，寻求全方位的发展空间。

上海的办事规则和运行速度实在惊人，黄浦区协作办的工作人员服务也很周到。韦主任说，社会各界对他十分关心，不少妈妈生前的老朋友主动来帮助解决各种困难。他们不只是为了帮助一个朋友的孩子，也不仅仅是在帮助一位著名演员，而是感到灯灯及其全家的遭遇太不幸了，都愿意为灯灯的事业出一点力。申办上海工作室的全部材料交上去以后，不到一个星期，韦主任就在黄浦区协作办里办妥了外省市驻沪办事处异地经营的全部登记手续。上海工作室开张以后，每天前去问讯的电话和客户络绎不断。

灯灯放下挂在胸前的眼镜轻声地透露，"文革"结束时，他为了纪念妈妈而特意将自己的名字改成"韦然"。1995 年，在纪念世界电影 100 周年、中国电影 90 周年的活动中，他替妈妈领取了中国电影家协会颁发的"中国电影世纪奖"证书和铜像。新世纪，他能在母亲当年成长的地方工作，为上海新一轮发展作贡献，既是自己莫大的幸运，也将成为出版社莫大的幸运。

从怕上海到爱上海

韦然，原名程彭，小名叫灯灯，是著名电影演员上官云珠（韦均荦）的小儿子，小时候住在建国西路高安路口的一幢黄色公寓里。上海的亲戚、朋友以及母亲的同事如孙道临、石挥等，都只知道管他叫"灯灯"。

灯灯以十分纯正的京音沉着地追述起往事。4 岁时，他离沪去北京，在祖父母身边长大，每年暑假回上海看望母亲。"文革"那年，京沪两地的家都被翻了个"底朝天"。1967 年，他毕业于北京市 25 中学。根据当时"一片红"的要求，他 1968 年 12 月中旬去山西原平县插队。次年 1 月上旬，他接到姐姐的来信，要他马上回上海一次。是妈妈的病情恶化，还是发生其他意外了？他不敢再继续往下想……到了上海以后，他才知道，妈妈已于 1968 年 11 月 22 日那天凌晨从家里四楼的窗口跳了出去，年仅48 岁。

后来根据国家出台的有关政策，灯灯于 1974 年回到上海父亲的身边。当时，他爸爸被管制在徐汇剧场里，白天关"牛棚"，晚上回家写检查。灯灯没有工作，待在家里学画画、练书法。一次，上海电影制片厂向社会公开招聘一套"班子"的专业演员，灯灯闻讯赶去应聘。考试由石炎等前辈主持，一起参加面试的有张瑜、陈冲、郭凯敏等。灯灯的各项表现均最为出色，但由于上影厂革委会明确规定"世家子弟"一概不准录用，于是，灯灯只能到里弄里去挖"防空洞"。半年后，他被分配到漕河泾上海感光胶卷厂，在这家 2 000 人大厂的职工食堂里烧"大锅菜"。

1975 年 9 月 23 日下午，灯灯的姐姐瑶瑶骑着自行车在南京西路江宁路口被一辆大卡车撞倒，年仅 31 岁。这是灯灯继妈妈跃窗、叔叔悬梁、姐姐的未婚夫割脉之后，第四次在上海痛失亲人。于是，在征得祖父母同意之后，灯灯决意离开上海。

然而真的要离沪，手续也并不那么容易办。从 1976 年起，灯灯开始向单位领导提出商调回北京的申请。起初，厂里说什么也不同意他离开，后来经过反复要求，答应由他自己找到对调方向后，单位才同意放人。但手续交上去以后，材料又被市劳动局遗失。就这样上下折腾，一直到 1978 年才正式落实了一名北京电影洗印厂想商调来沪的"对象"。那年夏天,他终于办妥全部手续,八月上旬匆匆赶往北京,第二天就去电影洗印厂报到,在洗印车间当了一名拷贝电影片子的冲洗工。

从小立志"造房子"

灯灯从小喜欢"造房子",渴望长大后能当一名建筑师。自插队时起,十多年如一日,他坚持自学了清华大学所编建筑史的有关教材。他刻苦读书的心血没有白费。1979 年年底,中国建筑工业出版社面向社会公开招聘编辑,灯灯通过考试,成绩优秀,被调去当编辑,八年后当上了编辑部副主任。

2000 年盛夏,上海金茂大厦为了迎接开业一周年庆典,要在 40 天内赶出一本介绍金茂大厦的专著。此书将作为上海市的礼品赠送给前来参加庆祝活动的各国贵宾。届时,世界十大名楼中有五位"老董"将光临金茂,上海市自然也把出版《金茂大厦》这一专业性与技术性很强的任务交给国内最强手承担。灯灯作为北京中国建筑工业出版社派出的代表来到上海,在金茂大厦现场工作了一个多月,出色地完成了社里交托的任务,并且为下一步上海工作室的创立打下了基础。

此次上海之行,让灯灯找到了全新的感觉。他看到了上海的巨大变化、上海的飞速发展,他亲身体会了上海的工作方式、运作规则和办事效率,他被新的上海、被上海日趋增多的世界级名建筑所吸引。

入世以后,上海的发展,尤其是国际大都市的创建,离不开专业的需要,灯灯事业的进步,也少不了上海城市建设大发展的依托。

刘星辉：牛伢子当牛掌柜

"牛席"新掌柜——刘星辉，多年前从四川巴山来到上海的那位教师，从清洁工成为首席证券分析师，先后获得浦东新区、上海市、全国"十大优秀青年"等称号，又从证券分析师转换为自己创业当老板。

刘星辉说，他要在一个新的领域里磨练自己，在股票的"熊途"中为广大股民送上"牛运"。在沪深股市逐级下滑的关键时刻，一家以巴山牛宴为特色的"川悦时光"酒家在长宁区悄悄开张。

在熊市中牛席开张

自 2001 年 6 月起，沪深股市创出历史新高以后，便进入了"5·19"以来的新一轮中级调整。证券公司里人头稀少，员工们的收入也受到明显影响。除了减少奖金、降低薪水以外，"裁员增效"就是不少单位自救的一帖"良药"。总经理不得不把所剩下的几位一起叫上去，让他们自己回家考虑以后，主动向人事部报名，指标是"三人中去二留一"，以减轻公司的压力。刘星辉听后，当即向老总表示"我先走吧"。

正当刘星辉将要办理清盘移交手续时，一位朋友力邀他合伙办一家川菜馆，说只要刘出资，具体事务不用他操心，并预测收益必定会如何如何。刘星辉回去考虑以后，答应参股加盟。不料，他刚刚入股，就被全线套住。餐馆开张营业，大到如何装潢布置，小到采购调度，样样都得由他亲自过问，但初涉江湖的刘星辉没能弄清其中奥秘，不少员工在他眼皮底下玩戏法，300 元一斤的鱼翅，烧好以后，以 200 元售出，刘星辉被气得哭笑不得。平均3 000 多元一天的金额亏损，开业不到半个月，账面上的资金就减去了 10 多万元。作为店里最大的股东，刘星辉当机立断，决定立刻停业整顿。

刘星辉

　　长期以来，刘星辉在遇到各种新问题的挑战时，已经养成了一股"事必躬亲，战无不胜"的韧劲。既然自己在川菜上跌了下去，就一定要在这里爬起来；既然自己在市场盘整中"下单"了，那么不获全胜决不收兵。于是，刘星辉把整个餐馆盘了下来，重新改造成具有山村气息的酒家。他又回到老家，一一走访巴山地区的著名酒家，并且通过公开竞聘的方法，把那里几位获得大奖的高级厨师邀到了上海。经过半个多月的准备，一家以经营"牛头、牛眼、牛舌、牛鞭、牛筋"为特色的巴山牛宴终于开盘了。

从穷山沟来到浦东

　　刘星辉 1968 年出生于四川平昌县的小山村，8 岁丧父，与母亲相依为命。除板床、板凳、板桌之外，屋里就看不到什么像样的家具；村里没有电灯和自来水，更不知道"家电"是怎么回事。小学年代，刘星辉在村里那间破烂不堪的草屋里念书，课余时间忙着帮母亲挑水、割草、干杂活，一有空还要去山地里种菜、耕地。他利用放牛耕作的时间，一边赶牛，一边看书。1987 年，刘星辉考入西南师范大学生物系。毕业后，他进了县城，在技校里当上了生物教师，成为当地山区几十年来极个别捧上"铁饭碗"的幸运者。

上世纪 90 年代初,刘星辉从报上看到上海浦东开发的报道,这一消息激起了他的满腔热情。他对母亲说想到上海的浦东去闯闯。母亲听了,一下子被气得晕倒,为此哭了好几天,还把舅舅、舅妈、表叔、表哥叫来一起召开"家庭扩大会",大家纷纷劝说刘星辉要珍惜来之不易的教书职业,不要随便到外面去乱闯。不料,亲戚们的一番忠告,反而坚定了刘星辉走出深山老林的决心。他不断向母亲讲解出去创业成才的道理,有时他会在晚上一个人到大山中去对着天空大声呼叫,发誓一定要"干出名堂来,报答山里人"。1993 年夏天,他毅然辞去了教师工作,带了 600 元盘缠,坐上火车,远离家乡来到了上海浦东。

从清洁工到分析师

初到上海,现实情况并不如想像中那么如意,工作十分难找,生活很快陷入困境。几位同乡都因生计艰难而先后打了"退堂鼓",可刘星辉咬紧牙关硬顶着。当时,他住在万安路一家居民厨房外搭建的棚户里,早晨吃几个菜包子出去找工作,除了跑人才市场外,有时还经朋友介绍或根据招聘广告,直接去"闯"公司,晚上在马路边吃碗咸菜肉丝面,回家阅读报纸、看书、做笔记……日复一日,不知在多少单位吃了多少回闭门羹,终于看到一家证券公司的招聘广告,但当他赶去的时候,招聘工作已基本结束,只有一个清洁工的岗位还空缺着。刘星辉当即走进人事部要下了这份工作。他放下教师架子,撩起袖子,拿着扫帚和拖把,干起了洗痰盂、擦桌子的活。他在这清与扫的过程中体味着人生的酸甜苦辣,看到股民们的喜怒哀乐,也开始接触一个全新的领域——证券业。

几个月以后,刘星辉勤奋刻苦、忘我工作的精神得到公司领导的认可,他被调到柜台上去做客户委托、交割等业务。面对陌生的岗位,他拿出了在学校读书时的那股钻劲,白天认真对待每一笔业务,晚上到夜校学习,听各种讲座,到了周末,不是去书店买书,就是去图书馆看书,他的知识面被逐渐打开。刘星辉先后做过出纳、管理、客户咨询、市场分析等工作,每换一个位子,他都一丝不苟地紧盯不放,不但以优质服务赢得了股民们的交口称赞,也搞熟了证券公司里各部门、各岗位、各环节的业务,更为自己在这一领域的发展打下了扎实基础。

1995 年 5 月,刘星辉的第一篇文章《国债期货将步入转势区域》在《期货周刊》上发表,两天后,国家作出全面关闭国债期货交易的决定,使大势突然转变,而他的这项预测在证券领域"战国纷争"的评论中一炮打响。此后,刘星辉的创作欲望一发而不可收。起初,他注重各种技术指标、K 线形态、量价关系等综合分析,后来,他深入研究宏观经济、政策背景、人性特征等领域交差影响,逐渐开创了一套独特的结构分析系统。1998 年,刘星辉当上了中兴信托投资有限公司上海证券分公司市场部经理、首席分析师。他逐步养成了每天看盘、分析和写作的习惯,以其独到的观点、风趣的语言,形成了个性鲜明的刘氏风格,并创立了署名"若水"的专栏品牌。

周卫民：另类海归战浦东

人称"另类海归"的旅加华人周卫民也回上海了。出国前，周卫民在上海的企业管理业已经是一位小有名气的管理咨询师，归来后，由他亲自领衔的中加合资管理公司——上海维纳咨询有限公司正式诞生。

公司旨在为上海尤其是浦东新区的创业培训以及企业管理咨询做点事。在创业起步之际，身为董事长兼总经理的周卫民兴奋地说："上海真是了不起，变化可谓一日千里，与以前大不一样了。"

从江西来上海

周卫民在江西樟树市长大。1980 年，他考上了湖南长沙中南大学计算机专业；毕业后，被分配到安徽马鞍山华东冶金学院任教。两年后，他考上山西太原华北工学院攻读系统工程研究生，毕业后留校执教。他先后主持或参与了十多项软科学课题研究，四次获省部级科技奖，在国内外发表论文 30 多篇。三年后，周卫民踌躇满志地下海，先后在太原、深圳等地的多家公司就职，经历了理想与现实的碰撞，在闯荡中不断受到挫折，也积累了不少企业管理的实际经验。

1994 年 7 月，周卫民与夫人一起来上海寻求发展。起初，两人住在浦东金桥的亲戚家中，每天起早摸黑，顶着烈日去人才市场找工作。南昌路科学会堂、上海展览中心、襄阳公园等，是他俩常去的地方。两个月后，周卫民终于找到了第一份工作——在青浦凤溪的一家东南亚企业金狮集团驻上海办事处搞行政管理。他搬到杨树浦石库门里弄一间六七平方米的亭子间。从杨浦到青浦来回六小时，他每天早晨 6 点不到出门，晚上 8 点多回家。

不久,周卫民又被东方资产管理公司录取。他从一般员工做起,三个月后,当上咨询部经理。那时,他住在吴中路城乡结合部的"棚户房",左邻右舍大部分是"三无人员",他们都用奇怪的眼光看着这对戴眼镜的年轻人。周卫民在那里开始了他人生的重要阶段。他参与了上海建立现代企业制度的政策研究、八万人体育场经营管理的总体规划、上海煤气公司的改制等重大项目,完成了20多份企业和政府机构的战略规划、企业重组等咨询报告,又总结了多年来在企业管理研究中的实战经验,写成170万字的《企业进阶管理手册》,由上海财大出版社出版。

从加拿大来浦东

1999年春,小有成就的周卫民去了加拿大温哥华,先在荷兰国际集团所属的加拿大IPC财富管理公司担任投资理财顾问,后来,又投资注册了自己的公司,专门从事商务咨询服务。此外,他经常参与华人移民的社团活动,做过中侨互助会的义工,发起成立了"加华创业协会",在《环球华报》开设"中西理财"、《大华商报》开设"成功创业"等专栏,还特意为华人移民开办多次创业讲座,积极帮助华人解决创业中遇到的困难。

在加拿大,周卫民常以中国管理学者的眼光,在与社会、经济、文化、科技、教育等各层面的接触中,多角度地观察和比较北美经济,尤其对北美企业家的经营思想、实用技术等进行了全方位的审视与剖析。周卫民说,温哥华与上海相比好像是乡下,并没有那么多高楼大厦,但各种办事程序十分严密,业务流程非常科学,管理制度又充满人性。

在温哥华,周卫民还不断关注国内经济发展的动向,他敏锐地感觉到,加入WTO后,国内企业对国际先进的管理知识和技能,必定会产生越来越迫切的需求,管理咨询业在祖国现代化的进程中大有可为。于是,他有意识地筛选了20多个专题性的管理方案,和家人商量后再次作出了一个重大决定:放弃国外舒适生活,回国寻求更大发展。

特审急批新企业

2002年5月,周卫民从温哥华飞回了他偏爱的热土——浦东。他一口气跑了好几家具有外资企业注册代理资质的中介机构。如果委托这些中介机构申办一家合资公司的话，除注册费之外，还要收取两三千美元不等的代理费，周卫民决定自己申请注册，这样可以省下一笔数目不小的代理费。

按照新的工商管理申请办法，所有申报材料必须一起交给工商局，由注册处为客户分别进行名称核准、项目审批，取得外商投资许可证和临时机构代码，此后五个工作日内就可颁发营业执照。全部手续都可以在这个"窗口"中落实，不需要申请者到处奔走。这样，周卫民的维纳公司幸运地成为浦东新区工商局外资企业注册办法改革以后第一家前去申请注册的"海归"企业。

新克勒

海上情结

华 赞：中华快婿赞上海

"上海真是了不起！"身为未来趋势国际集团总裁兼董事长，国际商业论坛副会长，阿曼国投资发展中心上海办事处首席代表，江苏泰兴、吉林长春、安徽淮北等十多个省市特聘高级经济顾问的华赞每天都是忙碌不堪。

Farzam Kamalabadi，银发，炯目，高个子，伊朗血统，美国护照，新上海新客人。他精通英文、波斯文、阿拉伯文、西班牙文、法文和中文，不仅会说普通话，还会讲上海、广东和福建等地的方言。他的中文名字叫"华赞"，他将自己及中国太太的事业锁定在上海，"中国女婿"华赞已经将"岳家"变成了自己的"新家"。

梦寐以求中国情

1961年，华赞出生在德黑兰郊区的一个医生家庭。18岁那年，他以优异成绩考取美国麻省州立大学经济学专业，三年后，又去哈佛大学攻读中国语言文学。以后，他又先后被波士顿语言学院聘为粤语讲师，并在哈佛大学担任语言学助教。华赞一边教书、一边学习，渐渐地，他不仅能讲一口流利的汉语，而且还会说好几种中国的方言。

1985年起，华赞受美国海湾银行信托部委托，担任中国客户代表。1987年，他移居澳门，在那里创办了第一所双语国际学校——联国学校。同时，他组织安排并带领欧洲、北美、澳洲、印度及南美等国的国际知名人士，到香港、澳门和内地一些省市进行访问或者讲学；他率领印第安民族与因纽特官方代表一起到我国少数民族地区访问演出；为帮助亚运会筹款，华赞协助著名歌唱家朱明瑛组织美国一流的爵士乐队，到国内14个城

华赞一家

市进行"艺术家之梦"巡回演出。每当踏上中国国土,华赞的心中总是涌动着一股热情,他喜欢以一种"以内观内"的视角来审视这个国家。

身处异国结良缘

1990 年 6 月 30 日下午,华赞要在波士顿校园里为中国留学生作题为"中国哲学文化复兴"的报告。一位自信的中国姑娘对这一消息产生了浓厚的兴趣。那天中午,她带着挑战者的心理第一个进入会场,坐在第一排的中间等候着。

当华赞出现在主席台上,并操着一口流利的中国普通话演讲时,那超凡脱俗的口才、严谨周密的推理、引经据典的旁证,使在场的留学生为之折服。尤其是他对中国未来的全新判断,不仅给在场的每一位留学生注入了"兴奋剂",而且像重锤,一记记地敲打在那位中国姑娘的心坎上。会上,中国姑娘提出不少尖锐问题,华赞一一给予令人满意的答复。演讲结束,这位中国姑娘走上台去,继续与华赞探讨中国的未来。华赞觉得她提的问题特别深刻,便主动约请她日后详细面谈。

7月4日,一个初夏的夜晚,华赞第一次与这位中国姑娘约会。她叫陈丽新,1966年生,湖南炎陵县人。15岁生日那天,她迈入京城最高学府清华大学土木工程系,开始了新的生活。1989年,她获得美国斯坦福大学全额奖学金,成了学校工程应用研究中心有史以来第一位来自亚洲的保送留学的女硕士生。

湖滨公园里月明、星稀、水静,他俩从世界趋势谈到中国未来,从哲学谈到音乐,从兴趣谈到志向……双方一见钟情,继而进入热恋。9月15日夜晚,美国旧金山巴哈伊国际中心灯火辉煌,200多位来自40多个国家的来宾前来参加华赞、陈丽新的婚礼。1992年年底,华赞带着已取得美国绿卡的妻子,一起到浦东寻找事业的"轴心"。

上海感觉好极了

1988年春,华赞陪同巴哈伊世界团体领袖拉巴尼女士第一次来上海考察。当时上海的马路上到处是自行车,全市的出租车才100多辆,形状还是小三轮的。1992年秋,华赞与妻子又来到上海,住在浦东杨思镇朋友家里,那里没有电话、没有煤气、没有热水,每天提水、烧柴火,电灯经常"跳"。华赞的三个孩子华宇曦、华宇清、华宇灵先后出生、入户,并在上海就读。

十年后,上海的城市面貌发生了翻天覆地的变化,除了大桥、地铁、立交以及高楼大厦等硬件的发展外,上海的软件建设,如创新思路、管理理念、运作机制,也开始有了根本性的变革。华赞兴奋地说:"上海的感觉好极了!"

把握发展大趋势

1993年年初,华赞在美国创办了未来趋势国际集团。随后,他把总部设在上海。集团在美国洛杉矶、华盛顿和纽约等地均设有办事处。集团的网络遍布亚洲、欧洲、澳洲、美洲以及中东等40多个国家和地区。未来趋势国际集团以上海为中心,长期致力于内地中小城市与乡镇企业的国际化发展。1998年7月,华赞以上海美国商会的名义,在上海举行了欢迎克林顿总统的仪式。期间,投资1500万美元的中美合作环保项目在人民大会堂签约,目前,这一项目已在全国 20 多个城市推行。

在促进中西横向经济合作的同时,华赞还写出了一系列具有纵向深度的理论文章,如《中国文化将在世界新秩序中扮演领导角色》《突破无形的隔墙》等,并被海内外多家主要报刊转载。华赞还亲自去各地作现场报告,如 1997 年的《中美股份制探讨》《中美合资在中国的战略思路》等,尤其是《以"中国和平论"取代"中国威胁论"建议书》中所提出的观点,得到国家领导人的肯定。

莫初黎：动感上海每一天

风和日丽的下午,外白渡桥旁的那幢百年老建筑质朴端庄。风度翩翩的莫初黎亲自打开古铜大门出来迎接。我应约见到了一位身份特殊的新上海人——俄罗斯驻沪副总领事莫初黎。

贵宾接待室悬挂着古典式吊灯,墙上则是现实主义的油画,柔软舒适且富有弹性的大沙发围着长方形的玻璃茶几,旁边站着一座一个人高的巨型立式俄罗斯报时钟。滴答滴答的钟声,璀璨明亮的灯光,与主人莫初黎银灰色的短发、深邃的目光、敏捷的思维、充满趣味的话语和那口抑扬顿挫的中国普通话,交织成一种温馨的氛围。

从莫斯科来上海

莫初黎出生在莫斯科,六个月大时,他随着母亲一起到北京。如今算作"上海新客人"的莫初黎,以往都称自己是半个北京人。他的父母都是外交官,长期外派在北京,父亲当时任驻京临时代办,相当于代理大使。莫初黎的小学和中学都在北京外交大楼附近、外交部办的外国人子弟学校念书。那里有来自加拿大、捷克、澳大利亚、波兰、新西兰等十多个国家的学生,其中也有中国人,不少同学至今还保持着来往。

中学毕业后,莫初黎去莫斯科大学东方语言学院攻读中国历史专业,1975 年年底毕业并获文学学士学位。不久,他被派到驻北京大使馆工作,还要协助领导当翻译。当时中苏、后来中俄之间的好几次重大会谈,都由他担任同声传译,一场长达数小时的翻译结束,他常常从里到外全部湿透,四肢酸痛得不听使唤,比参加一次体育比赛还吃力。莫初黎幽默地说:真是太累了! 这种精神上的压力比体力上的磨练更为难受,所以最好不要当

莫初黎

翻译,尤其是当高级翻译。

2000 年 4 月,莫初黎从莫斯科正式来到上海。当走出崭新的浦东国际机场时,他顿时觉得眼前一亮:机场里超一流的技术设施、礼仪小姐的热情服务、一路上的红花绿荫与立体式交通……日新月异的上海将是莫初黎工作和生活的地方,作为俄罗斯外交使者的莫初黎将成为"上海新客人"中的一员,与这座国际化大都市一起成长。

上海滩充满活力

莫初黎说,他是半个中国人,至今,他有一半的时间在中国,而在中国的时间里,又是一半在北京、一半在上海。上世纪 80 年代前后,他曾多次来上海,然而都是充当陪客,陪同代表团或者外长一起来,作为客体,自己的注意力全部集中在主体身上,对上海的情况不很熟悉,印象也不是很深。被正式派到上海后,他才对上海有了比较深刻的了解。莫初黎觉得,上海像全国的窗口,也体现出中国发展的方向,要想知道其他城市如何发展的话,要先到上海来看看;上海很像亚太地区的中心,现在已成了商贸、信息中心,并正在向金融中心的方向发展;上海充满活力,在这里工作或者生活,每天都会使人产生新的感觉,那种充满希望的感觉。他很想一辈子在上海享受当"新上海人"的感觉。

喜欢运动练身体

作为外交官的莫初黎喜欢运动,喜欢在运动中寻找对生活、对大自然的感觉。来到上海后,他马上去买了一辆自行车,每天通过骑车来锻炼自己的体力、耐力和反应力。平时外出,只要能不乘车,他都骑自行车。他最喜欢的项目是滑雪。虹桥机场附近有一家人造滑雪场,场里一年四季的温度都是零下五度,滑起来的感觉很不错,莫初黎经常带着儿子去运动。

莫初黎还喜欢游泳,水质咸淡不论。他说,浦东国际机场附近有一个海边游泳池,那里很有特色,进水处有水闸,可以开关换水,还可以调节深度,环境优美,服务也很好。那里还可以钓鱼,但他从不参与,因为太悠闲,运动量不足,刺激也不够。

莫初黎经常去上海动物园,去的目的不仅是看大象、熊猫、长颈鹿,而且是去呼吸新鲜空气,欣赏大自然的景色。此外,他特意介绍,长风公园里的水下海洋公园也是一个值得一看的地方,因为那里的设计很有特色,尤其是那些对水下环境不很了解的人,参观以后必定会增长不少知识。

莫初黎说,上海的气候很像爱尔兰的,每天早上出门可以凭自己的感觉来判断,不管新、老上海人,感觉八九不离十。他也说,上海的环保,尤其在空气和水质上还有点遗憾,虽然市政府已经花了不少力,但对于人口密度如此高的城市,要把这项工程完全处理好难度相当大,还需要很长一段时间的努力。

哈西姆：埃及使者爱申城

哈西姆的办公室小巧紧凑，正面墙上挂着埃及总统的大幅照片，桌上堆满了各种待签的文件和一只装有哈西姆全家福的小镜框。我应约见到了来自埃及共和国的友好使者——埃及驻沪副总领事亚西尔·哈西姆。

父母真是好伟大

哈西姆 1968 年出生在开罗，他笑着说，自己是属猴的。他出生在 ASYOUT 省的一个大家庭，父亲是一家医院的经理，母亲大学毕业后在家里当"主管"。1989 年，哈西姆以优异成绩毕业于开罗大学经济政治学院，获得优等政治学学士学位。他在多家知名刊物上发表了颇具见地的学术文章，不久，便成了当地小有名气的政法专家。1991 年，哈西姆到埃及外交部中国蒙古处工作。在驻沪工作之余，他还师从上海外国语大学中东问题专家朱威烈教授攻读国际关系研究生。他的研究课题为"中国在世界系统中所承担的角色"，其主要观点是"中国在不久的未来将会成为世界的强国"。

哈西姆说，父亲是他心目中的偶像，自己事业上的每一个进步，都得益于父亲的谆谆教导。他的母亲虽然在家中主持家务，但也很伟大，他在学习上所取得的成绩，同样离不开母亲给他的鞭策与鼓励。

太太也是很难得

哈西姆非常爱他的太太，她是他大学里同校低三级的校友。毕业实习时，哈西姆跟着一位政治学教授当助教。一天，他与教授一起去为低年级的学生上课，来到教室门口，几乎所有的同学都抬起头睁大眼睛看着这位学校里出名的优秀学长。唯独一个女孩子低着头，只顾自己做作业。上课时，哈西姆终于看到这位女生抬起了头，看到了她的眼睛，听到了她的提问，知道了她的名字叫"美·撒兰"。从两双眼睛对视的一刹那起，哈西姆心里就产生了一种预感：撒兰必定是自己理想的心上人。

哈西姆笑着回忆，他追太太的过程很辛苦，在征得双方家长同意后，根据当地的习俗，要先订婚、戴上戒指，两年后，把戒指从右手戴到左手上，再一年以后，才能正式结婚。1994年7月，哈西姆与撒兰刚准备到欧洲去度蜜月，就接到外交部的通知，要他马上到刚果大使馆报到。他俩只能把结婚庆典移到刚果举行。1999年春天，哈西姆夫妇又奉命来到上海，于是，他俩在申城全身心地投入了构筑中埃两国人民友谊桥梁的历史使命。

上海感觉很不错

哈西姆在开罗读书的年代，就经常关注中国和上海。在他的心目中，很早就有一个关于上海的轮廓。然而，当他真的来到上海以后，却依然对上海及其城市的变化感到十分惊奇。哈西姆说，上海是中国的一个"窗口"，也是面向世界的一个"展区"，变化太快了。

埃及的亚历山大市成了上海友好的"姐妹城"，上海的中埃合作公司已在亚历山大市成立并且开展业务了；上海很舒适、治安也好，走在马路上很有安全感；上海人非常友好，经常微笑，懂得如何接待外国客人。一次，哈西姆叫了一辆出租车，要司机快速赶去浦东机场，不巧在马路上遇到了堵车。司机主动去和警察商量，交警立刻辟出了一条专道，让他的车直奔机场。每逢过年、过节，哈西姆会收到各种请柬，被邀请去参加各种活动。在上海，还可以品尝到全国乃至世界各地的风味美食，外国人走进各大医院都可以享受到特别门诊。

后来，哈西姆全家都迁到了上海。平时，他整天忙于工作，到了周末，喜欢带着家人外出逛街、观赏豫园的古建筑，更喜欢到郊区去钓鱼。哈西姆的太太在领事夫人代表团里担任文化部长，经常到医院、学校、福利院去做好事。两个孩子在上海的法语小学念书，大的念小学二年级，小的还在幼儿园，成绩都不错。如今，不少中国小朋友称他们为"上海新客人"。

丝　克：德国来沪伴工女

　　Silke 是一位聪明靓丽、活泼可爱的金发女郎。她的男朋友汉斯·彼得豪克在上海一家德商独资的跨国公司工作，Silke 特意从德国赶来享受"伴工者"的幸福。她指着上海市暂住证上的一串汉字"丝克·沃达克沙克"说，这就是她的中文名字。

喜欢上海美丽景色

　　Silke 对上海的景观大为惊叹，她激动地说，上海城市建筑宏伟气派，她从来没有看到过如此漂亮的城市。纽约曼哈顿的大楼清一色"自来火盒子"式样，而上海却五花八门、无奇不有：式样有方盖、圆帽，直顶、斜坡，高低起伏，煞是好看；颜色也五彩缤纷，晶莹剔透，红砖、绿瓦，金框、银柱，应有尽有。上海商业街如南京路、淮海路、衡山路等各具特色，还有豫园、新天地、东方明珠，简直美极了！有些地方只要一个星期不去，就会认不出来，这种变化速度真是不可想象！Silke 来上海后，一直没有出去工作，德国上海商会曾经要她去从事广告业务，但她不喜欢，就没去应聘。平时除了逛街，她经常一个人在家里看书，有时还会写一些游记等短文，传回德国去发表。

　　对上海人，Silke 还比较陌生，除男朋友以外，平时和她经常来往的，只有一两个彼得豪克公司里的同事。Silke 说，上海人对"老外"特别热情。起初，她不清楚为什么会有那么多上海人喜欢和她一起拍照，觉得很奇怪。比如她去豫园商场购物，经常被"镜头"包围，不少素不相识的游客会要求和她一起留影；在上海动物园游玩时，许多人的照相机紧盯着她不放；Silke 和她的男朋友坐在树荫下休息，结果也被瞄准的"远镜头"弄得有点不好意思。有人告诉她,那天摄影家协会正在组织"外国人在上海"的比赛活动。现在,Silke 已经习以为常了。

大上海中小遗憾

Silke 对上海的购物环境很满意,她经常去联华与家乐福等超市购物。她说,上海买东西真方便,在襄阳路可以买到非常便宜的服装,但遗憾的是,她不会讨价还价,否则可以更加便宜。还有,那里的服装尺寸都较小,大号的很难买到。

Silke 说,上海饭馆里的服务特别周到,在德国,餐厅里一般只有一两名服务员,而上海的有些餐馆,一张桌子旁就会有两三位服务员;上海饭店里的中国地方菜与德国餐厅里的家乡菜价格差不多,但如果在上海吃西餐的话,却要比德国贵得多;上海的出租车司机很友好,认真又诚实,有时车子绕了道,多算了车费,司机会主动把钱退还给乘客,可他们的开车风格,她摇着头说:"太可怕了!东穿西弯、抢道钻缝,让坐在里面的乘客胆战心惊,实在受不了!"Silke 小姐对上海的房价还有些看不懂,她笑着说:"在兴国路的公寓里租一套房子,每月租金要上千美元,这个价位⋯⋯"她继续摇头,"唉!在德国可以租到一个小城堡了。"

Silke 叹息地表示,在她眼里,上海也有些遗憾,高楼大厦旁边,尤其是漂亮的淮海路、南京路两侧,有不少老式矮平房,看上去很不协调;有些人穿着睡衣在街头悠然闲逛;更为奇怪的是,在不少沿马路的大树或者住宅窗口前的"龙门架"上,各色"万国博览旗"无所顾忌地迎风飘扬⋯⋯此外,上海的"麻将文化"以及"消费差异"也使她十分吃惊。

至今,Silke 还不认识中国字,也没有学会讲普通话,但是有极个别的汉语单词,她已经会凑合用了。Silke 非常得意地说,那就是"谢谢、你好、这里、那边、多少钱⋯⋯"但都是降调的!

酒吧遇到心上人

Silke 的家乡在德国西部一个叫马尔的小城市,距离杜塞尔多夫以及科隆仅一个半小时的车程。它是一个以化工为主的小型工业城,样子很像上海的金山石化区,但人口仅 10 万。一个晚上,Silke 与同事一起去酒吧,看到一个年轻人独自在那里喝酒。过了一会儿，年轻人主动过来向大家敬酒，和大家聊天。起先，Silke 对他并没有特别的印象，只觉得这位年轻人的衣着打扮与普通化学家有所不同。第二天下班后，Silke 去另一家酒吧小坐，谁知这位年轻人又在里面；到了周末，Silke 再次与他在酒吧里相遇……渐渐地，Silke 觉得这位年轻人不错，有学问，文质彬彬，也蛮谈得来，他就是后来被德国公司派到上海来担任中国地区技术支持的汉斯·彼得豪克。

Silke 念高中时，课余在赫斯公司当实习文员。大学时，她进入德固萨公司公共关系部工作，负责协调各部门之间的关系，与社会上各家单位包括媒体打交道，还当上了企业杂志——《德固萨》的兼职编辑。Silke 很喜欢这份工作。当她向老板提出要请长假到上海与心上人"伴工"时，老板一口答应，并且还专门为 Silke 保留着原岗位。

师 高：快乐制片寻感觉

瑞金南路一幢并不太旧的高楼，由原来高大、宽敞的厂房改建而成，四周开阔，净是高档商住两用楼。沿着玻璃扶梯上去，创意组设在三楼的"阁楼"上。老式的杉木地板，厚玻璃桌面……让人们在"空中"寻找独特的感觉。

师高，一位貌不惊人的小伙子，从美国来到上海，以一手出色的制片才艺在这里的上海共同传播公司打工。师高对上海的感觉好极了，他说，比起市中心的豫园、新天地，他更喜欢青浦、松江、外高桥，因为那里有更多景观值得品味。

创业拼搏来上海

师高于 2001 年 5 月来上海考察，当时公司正在为日本航空公司拍一部广告片，他观摩了整个过程，觉得大家都非常投入、非常友好，现场的工作状态、环境气氛、演员表现都很感人。回去后不久，他便答应上海公司的邀请，来上海工作了。师高通过吃饭、学习、上班等各种机会努力地学习中文，同事们也都乐于给他热情帮助。他说得最好的一句普通话是："请再来一杯啤酒。"

师高走上工作岗位后的第一项任务是拍摄一部介绍美国风景旅游的纪录片。客户是一家旅游公司的老板，他的要求是，全美 20 多个主要景点，要有各自的风光特征，要在 10 个工作日内完成。但是预算经费却不多。这 20 多个景点分布在全美各地，总路程两万多公里，不管选用哪一种交通工具，10 个工作日来回走一圈都来不及，哪里谈得上拍片子。大家感到十分棘手，不敢轻易接手。

师高急中生智,提出了实施方案:租用三架小型直升机,将整套班子人数减到最少,把人、器材与生活用品一起装进去。他们当天傍晚就动身,投入紧张的工作中。他们每到一处,抓住要点,即拍即走;一边创意,一边制作合成,各道工序紧密配合,工作人员轮流交替上岗;日出不够用日落补,取得了意想不到的效果。片子如期完成,客户看到样片时,惊讶地赞叹:"好极了,太美了!"从此,师高在美国影视界声名鹊起,找他拍片的客户接踵而至。

投入传播露身手

上海共同传播公司所在的楼面共计 1 000 多平方米,20 多名成员在这里忙碌着。师高微笑着说,他们的老板是一位才华横溢的四川人,这里的员工也值得一提,其中四分之一是来自欧、美或日本的外籍人士,大家的语言、肤色不一致,经常以眼神或手势进行交流,但工作都非常投入,乐于互相帮助,配合得很默契,所以,在这里上班十分带劲。

师高是经国际制片人协会推荐来上海并加盟共同传播公司工作的。才 40 出头的师高,在影视行业已有 20 多年独立制片经历。他 13 岁那年,因为 9 岁的妹妹当上了迪斯尼公司的演员,便爱上了摄影。高中毕业后,师高正式进入影视圈。自 1983 年在美国俄克拉荷马州电影公司拍摄大型宽银幕电影以来,他曾先后为美国 FEATURE FILMS 影视公司制作过 20 多部文艺片、动作片、恐怖片等各种类型的电视片,为世界各国制作过 300 多部广告影视片。此外,师高还为美国发现频道制作过 10 多部电视纪录片,成了美国影视界高手、导演联合会成员、电影学院特聘讲师。

在制片中寻感觉

师高对摄影、灯光、剪接等各项制片中的基础技巧进行着不断深入的研究。他喜欢摄影,喜欢从镜头中欣赏演员的演技;喜欢灯光,喜欢看着演员在灯光下表演;喜欢剪接,能让画面获得最佳效果。然而,他觉得制作更有成就感,在片子的合成过程中,这种感觉尤其突出,比当演员、导演的感觉还要好。

师高说,他完成每一次任务,都会有一种全新的感觉,因为每一个项目都是对自己不同的挑战。比如有的片子是拍汽车，客户要求气势宏伟、场面壮观；有的是拍比萨饼，客户要求色彩缤纷、细腻柔软；有的则可能是拍摄冰激凌，聚光灯一照便会使对象溶化，要另外创造一种新方法来完成。每一次工作的具体要求不同，难度都很大，十分刺激，师高喜欢追求各种片子的最佳效果。

井上文男：金牌企业当家人

坐落在浦东新金桥路的上海京瓷电子有限公司是金桥出口加工区的一家金牌企业，10万平方米的厂区，一眼望不到尽头。公司在出口、纳税以及技术创新等项目上，多次获得新区有关部门嘉奖。这家中日合资企业的当家人是来自日本京都的井上文男。

感受上海城市变化

对于上海日新月异的变化，井上文男同样具有十分敏锐的感受。1995年10月，当他第一次踏上浦东这块热土时，新区似乎在沸腾，金桥好像在"地震"，上下纵横全面开工，到处烟雾腾腾，这在全世界都是非常罕见的。为了熟悉这座城市，井上文男利用一切机会学习中文，经常参加各种社会活动，想方设法与上海人接触，出门坐公交，自己去菜场，到员工家做客，甚至把自己的家从日本人集聚的东樱花园搬到了徐汇地区，在公司举办联欢会、运动会、卡拉OK，以此加深自己对上海人及其习俗的认识。

井上文男说，他在日本时一年四季都要喝冰啤酒，来上海以后，也习惯喝常温的了；刚到上海时，觉得马路上的臭豆腐摊很臭，现在不但已经习惯，有时也会去品尝了；起初乘公交车老是上不去，后来也逐渐地学会了。他说，在上海要学会入乡随俗、与时俱进，要热爱当地人，不能用老办法、老眼光看问题，更不能对人不尊重。有一年夏天，井上文男参加上海电视台举办的"外国人唱中国歌"比赛，他声情并茂的歌唱屡战屡胜，在决赛时一举拔得头筹。

浦东发展日新月异

井上文男说，目前上海，尤其是浦东，整个城市的大环境已经很不错了,但还有许多小环境、软环境、内环境需要加快改进。比如说不少饭店,大堂装修得很漂亮,但里面的包房、厨房尤其是厕所却很脏;许多马路、人行道在不断改建,大有面貌一新的感觉,但有些地方刚竣工就投入使用,缺少一定的保养期,下面地基是软的,上层表面是硬的,不久便会出现"后遗症",使大量人力、物力遭受损失,那是很让人心疼的。

井上文男认为,上海正在向国际一流的大都市迈进,但是在软件管理上还有不少地方需要加快步伐。比如说,去海关报关,在日本或者世界其他大城市,只要用英语就可以了,而在上海,必须把有关材料翻译为中文。这种做法当然无可厚非,但问题是,许多新材料、新名词一时还翻译不过来,尤其是不少日本企业对新产品的命名很随意,这就给翻译增添了难度,有时日语中的汉字与中文里的汉字含义截然不同,一不小心就会出现很大麻烦。比如日本厂商将一种加工电子产品的设备称作"印刷机",这与目前国内限制进口制作图片文字的"印刷机"并不是一回事,如果在翻译中造成误会,那是很难解释的。他相信,随着上海国际化程度的不断提高,这种现象不久便会消失。

金桥创建金牌企业

成立于 1995 年的上海京瓷电子有限公司是日本京瓷与上海仪电联合创建的合资企业。公司先后通过 ISO9002 与 ISO14000 等国际认证,并获得上海市"高新技术企业"和"先进技术企业"等称号。日本京瓷是由以稻盛和夫为首的一批京都市技术青年发起创建的,经过齐心合力的努力,逐渐发展成为一个国际著名的高科技跨国企业集团。他们崇尚自然、热爱人类,以光明正大、勤奋谦虚的心态创造事业,"敬天爱人"成了京瓷企业一以贯之的发展宗旨。

初到浦东时,加工区的基础设施尚在完善之中,井上文男既不懂中文,也不了解员工心态,对新区各项法规、各种项目的审批程序以及合资企业的运作方式都很不熟悉,加之受金融风暴影响,国际市场上电子产品价格一路下滑,公司预期目标一时难以实现。井上文男及时调整产品结构,将技术骨干派往日本进行强化培训,并引进先进的质保体系,改革加工手段,改进产品的材料、结构和性能,使职工情绪稳定、信心倍增,公司逐步走出困境。

金牌企业初露锋芒

在经营战略上,公司始终贯彻"顾客第一"的质量目标,井上文男更提出"现场把关、从头抓起"的要求,在每道工序上认真寻找问题,及时改善加工对策,决不让问题遗留到下道工序。在生产中,定期开展各种指标考核与质量竞赛等活动,主动走出去听取客户的审查和评议,使产品的合格率和市场占有率大幅度提高。京瓷公司多项产品已受到摩托罗拉、西门子、诺基亚、索尼等跨国公司的欢迎,并且成了他们认定的免检品牌。

井上文男坚持"京瓷哲学"的指导思想,力排众议,为当地劳务工、4050职工和残障人员提供就业机会,还特意给其中的困难者给予一定照顾,经常利用各种机会同他们谈话,让他们能与正式员工一样在各自岗位上工作,同样地施展自己的才能,同样地参与各种竞赛与评比。有的临时工经过努力被转为正式工,有的残障人士在工作中做出成绩被评为先进。有时,井上文男学着用手语同他们交流,甚至还自己掏钱买奖品对有贡献者进行鼓励。为此,公司获得了上海市"扶残助残先进集体"荣誉称号。

新克勒

海滨另类

秦一本：浦东升起绿太阳

摩登、时尚、洋化……这一系列体现海派特色的元素，被"多位一体"的秦老大及其所率领的绿太阳集团公司作为发展和创新的基本要素，并表现得淋漓尽致。汤巷，和浦东新区大学科技城毗邻、张南线之间的一个小站，因绿太阳基地的崛起而成为海内外宾客向往的地方，每逢周末或假日，更是车水马龙、人头济济。

秦先生名一本，祖籍宁波，出生在上海，迁居香港，旅澳海归，集澳大利亚护照、香港身份证和上海暂住证三张派司于一身，拥有老上海收藏家、新上海企业家、慈善家等多个头衔，在五彩缤纷的老家具、厨卫具业内独树一帜。

办公楼成了博物馆

"您是来看家具，还是厨具、卫具的呢？"从前台小姐的问询中看出，这位秦老大着实有点身手不凡。"绿太阳"的办公大楼，与其说是一幢办公楼，还不如说是一个老克勒的博物馆，大厅四周、走廊两边、楼梯转弯处，陈列着各种老上海的家居物件，参观者无一不为这里陈列的物品感到惊讶。近悦远来者络绎不绝，就连电视台"可凡倾听"做节目，《天堂口》、《建国大业》等影片拍摄时，摄制组也专门派人来向秦先生借道具。

董事长办公室的老式唱机不停地播放周璇如天籁般的歌声，精致的雕花梳妆台上摆满了各种当时流行的舶来化妆品，还有美国的北极电冰箱、日本的保险箱、欧美的落地收音机、英国的高档公文包……"我收藏这些物品是出于对昔日上海滩老克勒的向往。"秦一本充当着讲解员，"拥有当年上海生产的物品，就好比拥有一定的生活质量，代表老克勒的档次。"

秦一本

新克勒钟情老克勒

秦一本出生在虹口区的海派石库门弄堂里。父亲秦泰来是当年上海滩著名的摄影家,拿着照相机打拼在当时的名流沙龙,用镜头记录着各界名要和明星的丰采。当年红极一时的蝴蝶、白光、陈云裳等的大幅图照无不出自其手。父亲的艺术气息给秦一本留下深刻的记忆。"这些老家具勾起了我对自己儿童时代的回忆,也更加深了我对老上海物品的迷恋。"

在一次新居装修时,秦一本意外地接触到自己心仪已久的老式家具,产生了一见如故的感觉,从此一发不可收地走上了收购、收藏之道。他说:"我把这些反映上海老克勒生活的物品集中起来,既是一种爱好,也可以让大家更直接地感受当年上海老克勒的感觉。"

除各式各样的家具、家电以外,秦一本的收藏中,老上海尤其是老克勒日常生活中的各种细节,如办公桌上的灯具、枕纸和笔架,梳妆台上的木梳、刷子和唇膏,挂衣架上的礼帽、西服和大衣,甚至老式壁灯、台灯、落地灯及其插头等,包罗万象。"这些家具或物品,具有海派生活的特色、中西结合的影子,还有商标、品牌和出处,所以,反映出特定时代、人物的个性特征。"

闯荡港澳两头奔波

秦一本 10 岁那年离开上海抵达香港与父母团圆。16 岁时,他放弃读书开始赚钱养家。起初,他在一家纺织厂里当攘线工,厂里采用计件制考核,他不顾一切地拼命干,每月收入是别人的两三倍。上世纪 70 年代起,香港的纱厂纷纷倒闭转业,秦一本也跳到电器行去当家电推销员。他回忆说,挨家挨户上门搞推销,除了饱受刮风下雨之苦,还得看别人的脸色受气,但底薪加提成,奖金很不错。他专门研制出一套"敲门销售法",非常见效,当时每月收入要比小白领的薪水高出五倍多。

秦一本勤奋刻苦,又执著节俭,到了 1978 年,已积累到近 10 万港元。于是,他利用这人生中的"第一桶金",在皇后大道西区开设了第一家家用电器零售店。不久,他便成为日本某电器品牌的代理商。不到十年,他又把经营规模扩大到五家门店,年营业额约 2 000 万港元。那时,香港刮起移民风,他也去办理相关手续,第二年移民到澳大利亚。从此,他每年都在澳大利亚与香港之间来回奔波。

海归后升起绿太阳

1992 年前后,秦一本回到他阔别 30 多年的上海滩,走亲戚、访朋友。当他的脚步踏上上海的土地时,强烈的归属感以及内心急不可待地寻根思源的感觉油然而生。当时的上海滩一片寂静、百废待兴,但涌动着勃勃生机。秦一本比照了沪港两地的发展轨迹,从中发现了商机,也感到自己回报故乡、大显身手的时刻到了。

1995 年春天,秦一本在杨浦区创办上海新邦建筑装潢制品有限公司,经营厨卫用品,且以"绿太阳"命名。他说,"绿太阳"的意义,不仅是向客户推广环保意识,而且其产品设计和材质本身也贯串着环保理念。"绿太阳"及其品质和信誉的建立,也贯串着秦一本为人、处事、创业、立业的根本之所在。

2002 年起,秦一本就开始进行企业转制,把厂房迁至浦东康桥工业区,将产品名与公司名统一为"绿太阳",将单一的龙头系列扩大到家居、厨房、卫生等全系列,将经营装潢新品扩大到装饰新产品生产与家居老物件供应相结合。如今,"绿太阳"的环保概念与"老上海"的怀旧情结,正随着秦一本的努力在浦江两岸逐步推广与深化。

韦小宝：独创一格醉美宫

"醉美官府宴"坐落在淮海西路 1 号,高雅宁静之地。"阿房宫"、"未央宫"、"含元殿"、"开封府"、"斡耳朵"、"应天府"、"景仁宫"、"中南海",掌门人韦小宝将各厅所蕴涵的历史"八盛"之意,依序娓娓道来。

四川来沪闯荡的韦小宝,是上海醉美官府宴餐饮管理公司董事长、上海市四川商会常务理事。他说:"大家都知道'小宝',自己也喜欢'小宝',因而小宝及'醉美'也就在上海滩上应运而生了。"

醉美艺术聚人气

"醉美"之地既是四川商会上海地区日常活动的接待处,也是海派艺术的展示厅和艺术家的集聚地。在当今"转型发展"的年头,这里也逐步推进由"官府宴"向"艺术宫"的战略性转移。殿堂门口,青铜弥勒笑迎客;走廊两旁,《南台荷风》、《欢乐藏童》、《自在观音》等 12 幅出自西藏唐卡艺术大师格鲁派法王登巴喇嘛亲笔的油画精美绝伦;而"中南海"等八宫一厅,无一不是小宝精心打造的"艺术宫"。

墙上悬挂的艺术品也是美不胜收。书法如九七老人顾振乐亲笔所题的名联"小中见大,藏珍观宝",九一书家高式熊的墨宝"醉美天下",上海禅诗书画专业委员会当家人范文通老先生的横幅"朵颐醉美",海归艺术家桑家敏的朱书精品"心经";绘画如恢翁江宏的泼墨"山水画"、花王方攸敏的水墨"梅花牡丹图"、太一道人张兴元的"梅兰竹菊"等等。硕大画桌上放着的那幅刚刚画好但还未全干的"竹石图",则出自主人韦小宝的笔下。这里的菜单、酒单以及挂屏与册页等的介绍单上,也全部是"原汁原味"的晋唐小楷,均出自桑体亲笔法书。难怪各类艺术家只要有空都十分乐意来这里

韦小宝

"转转"，品味当家人韦小宝别出心裁的设计。除了书画艺术家高式熊、陆康、刘一闻、陈家泠等，电影表演艺术家秦怡、葛优等偶尔也会前来"捧场"；京剧艺术家关栋天，经常带着一帮客人来欢聚，他那幽默的话语，不时逗得人们捧腹大笑；男中音歌唱家廖昌永也会趁兴来一曲，给大家带来与大剧院完全不同的享受；二胡演奏家马晓辉现场即兴演奏电影《卧虎藏龙》主题曲，同样博得在场宾客的阵阵掌声；悟人张伟宗也喜欢来此品茗、泼墨。

美味佳肴亦醉人

最令人垂涎三尺的，自然是"醉美"的谭家功夫菜。这些经典菜肴由谭家菜第四代嫡传弟子刘伟大厨亲自掌勺，秘传配方传承已近百年。如"浓汁佛跳墙"，据说佛爷也会跳墙来品尝，柔润软嫩，浓郁芳香，荤而不腻；海内独步的"鹿鼎记"，则以新鲜的鹿肉，配以鹿鞭、瑶柱、虫草等，用文武火炖足八小时而成，汤水清澈透着微黄，具有滋补养生之疗效；至于"拆烩鱼头"，衬托在绿叶浮汤上的鱼头完好无损，鱼汤更是脂膏稠浓，鲜滑无比。

大厨手艺精湛，细作精工，融创新与传统于一体，有"虽南王而不易"之称誉。如今的刘伟在小宝"指挥"下，攀上了"唯美主义"的高峰。

川将入海显身手

韦小宝原名韦海斌,1971 年 10 月出生于重庆大足县,从小勤奋刻苦,崇仰蜀人张大千。1990 年,考入桂林航天工业管理专科学校,在机械制造专业读书。三年后毕业,被分配在成都飞机制造公司工艺科当绘图员,除绘制零部件加工图外,还要在产品加工中负责与工程师和一线工人之间的沟通。不到两年,他有点厌倦了,便辞职离开了工厂。不久,又去一家电脑公司上班。

1996 年 6 月,公司派他前往上海负责筹建分公司。上海分公司代销飞利浦电子显示器,成为继北京、广州之后国内第三大总代理。当时,韦小宝任销售总监,主管华东地区营销任务,在他的努力下,产品销量远超同行,排名全国第一。而他个人的业绩尤为突出,年销总量超过 2 亿元,占全国七分之一,屡屡获得冠军,得到奖励。2001 年,他再次辞职离开公司。

经过一年多休息调整,2003 年新春,韦小宝和几位朋友合伙开了一家餐饮公司。"醉美川菜"正式向上海客人亮相。2006 年秋天,喜欢"声东击西"的韦小宝,又将"醉美官府宴"移到淮海西路上海交大旁边。2009 年岁末,合伙股东退出,小宝开始了独立经营的新里程。一年后,"醉美艺术宫"进入"转型发展"的新阶段。

有贺萍萍：六地三好女飞人

上海"世游赛"开幕的那天下午，烈日当空，华山路上海交大红门对面的品味茶馆幽静、雅致。一位爽朗、敏捷、雷厉风行的女性如约而至。一家优秀的外资企业、一位杰出的老板和一个合成的名字，巧妙而自然地连在了一起。她就是长年奔波于上海、昆山、安徽、日本、法国、英国等国家和地区，好动、好学、好搞大的"三好女飞人"——有贺萍萍。

好动：快乐中顺势而为

有贺萍萍在日本、昆山、安徽有三家工艺品公司，下属三个加工场，还有一家模具制造公司。她是这些公司的董事长、总经理。公司主要生产"秀托"，产品如底座、托架、橱柜等展示设备，种类繁多，只要是为"秀品"服务的，无所不包。

有贺津津有味地透露她的经"赢"乐道：生命在于运动，朋友在于走动，产品单子往往在流动中产生。企业能顺利经营，并蒸蒸日上，关键也在于"动"，即人才、资金、技术乃至产品均需要源源不停地滚动。好谋善断的女老板进一步指出，所谓"谋事在人，成事在天"的奥秘，其实也在于"动"。通过流动，机会自然降临；经过努力，事业才会进步。"自己一直比较顺利，稍许一动，经常能与机会不期而遇。"

公司下设行政、木器、纺织三个部门，三位部长都是来自大企业的厂长经理，管理经验丰富。有董则亲自主管渠道，即销售渠道、订单渠道、客户渠道，当然还包括人才引进渠道、资金运作渠道等。她不无得意地介绍，由于好吃、好玩、好"动"，喜欢与朋友交流，谈生活、谈理想、谈境界，订单也就滚滚而来。公司所有订单均由自己亲自解决，产品全部销售出境，国内的

有贺萍萍

市场虽大，但已经无暇顾及。

好学：学海中随势而进

有董说，她从小养成"好胜、好搏、好上游"的习惯，以及"好奇、好学、好竞争"的性格。1969 年，她出生在静安区的常熟路，周围邻居多名人，小学时同桌是教育家蔡元培的孙女。当时在同学中，以后在同事间，她一直保持着一种不甘落后的性格。有贺从小就喜欢唱歌和跳舞，小学三年级参加中福会少年宫合唱团，不久便当上合唱团团长。她还出过十几张唱片。在七一中学读书时，她是班干部；进入上海市机械学院，她第一年就当上了学生会主席。

1989 年 4 月，有贺东渡去日本。先在琦玉县念日本语，两年后，考入东京亚细亚大学，攻读企业管理专业。这所学校较为国际化，也重视学生个性发展，尤其善于捕捉和培养学生的一技之长。进校第一年，有贺考试成绩获全校第三名，她每年都得到文部省的奖学金。有贺微笑地补充说："这相当于免费读大学。"

在学校组织的一次活动中,她认识了浦和市金融和酒店业的大商人深田清。深田清农民出身,白手起家,他经常告诫自己,做事要量力而行,不断磨练,逐步滚大;要乐于助人,奉献为快。从他的身上,有贺看到了不少优秀品质,也得到很多启发。

平时,只要一有空,有贺就把自己的时间投入到"学海"之中。比如,2005年,有贺进复旦大学国际总裁班进修;2006年,去北京跟曲黎明学习中医养生保健;2007年,到复旦国学班进修;2008年,前往上海交大地质系,师从施健教授学习珠宝鉴定学,两年后,经过理论鉴定与实践考核,获得高级珠宝鉴定国家职业资格证书。

好大:竞争中应势而张

亚细亚大学毕业后的第二年,有贺创建了自己的工艺品公司,并且在一年中完成了创业、结婚和生孩子三件人生大事。不久,有贺将公司迁到国内,先后在昆山和安徽开设了连锁企业。她的理念是:"只要渠道通,制造业照样能搞活。"她的产品全部出口,在人民币不断升值的过程中,她坚持用人民币核价、定价和签合同,从而有效地避免了不少外企连年白干情况的发生。

"一只羊是放,一群羊也是放。"受深田清的影响,有贺也喜欢搞大、搞全,并按照循序渐进的原则,逐步滚大。现在,公司员工已经超过600名,她每年要亲自往返奔波于六地四国。她所经营的工艺产品属于国内独家,公司曾多次获得"全国优秀外资企业"称号。有贺的企业在大风大浪的考验中,逐波滚动,开发创新,茁壮成长!

李振兴：马来酒管总当家

上海绿地集团酒店管理事业部总经理李振兴说，虽然他父亲、母亲的出生地在国外，但爷爷、奶奶等原本都是中国人，籍贯广东梅县。如今，李总成了一名"华裔新上海人"。李振兴是上海绿地集团第一位外籍经营管理者。

志在第一大爱永恒

李振兴 1965 年出生于马来西亚槟城洲。1984 年高中毕业后，他进入香格里拉国际酒店集团。他比较在乎创造"第一"，年方二十即当上酒店前厅经理，不到两年，又成为房务部总监，当时连创该集团两项"最年轻"的纪录。后来，李振兴先后被派往瑞士洛桑酒店管理学院和美国康奈尔大学学习酒店经营管理。2002 年 10 月，李振兴应聘"第一次"赴中国大陆，在海南三亚市当凯莱大酒店总经理。2005 年 5 月，李振兴应法国艾美国际酒店集团邀请来到上海，筹建全球第 121 家、中国"第一家"艾美酒店，成为该集团"第一位"华人总经理，负责佘山艾美酒店的开张及日常运营。三年后，他又来到上海绿地集团，被聘为"第一位"外籍总经理，负责酒店事业部的开发与管理。

每当听说员工或其家属发生困难，李振兴总是"第一个"站出来，发动大家募捐。2006 年圣诞节，他组织为 6 名家庭贫困、身患疾病的学生募款，集资超过 4 万元。2007 年 12 月，他为民工子弟学校募集 4 万元，用于改善他们的学习设施和学校环境。在一次新年聚会上，他听说南昌有两位大学生家庭发生困难，又发起捐款，为他们完成学业提供帮助。每逢节日，他总会组织社区老人在星级酒店品尝美餐，并献上冬衣等礼物，与老人们欢声笑语地融成一片。

以人为本开心管理

　　李振兴管理的事业部只有 30 多名员工,而其属下经营和筹建的酒店共有 50 余家,员工总数已超过 5 000 名。作为老总,他总是以"开心管理"作为自己的准则。所谓"开心管理",即敞开心扉,全心全意地投入管理。比如只要李振兴人在单位,他办公室的门就一定开着,所有员工随时可以进来与他交流;进出电梯,要"女士优先";上下班遇到大家,主动招呼一声"好",就好比家里的"妈妈好"、"爸爸好"。他认为,这些都是必备的礼仪和职业素养,也是当好一名企业老总的基本前提。

　　在办公例会上,李振兴总是想方设法让大家畅所欲言。他认为,每一位员工都有权发表自己的看法,并可以阐述各种意见。这是企业生存和活力的所在,也能确保上下之间信息渠道的畅通。对于上级下达的指令,只要发觉其中还有不足的地方,他也会通过各种方式,把自己的想法表达出来。这才是对管理负责、对公司负责的工作态度。否则,一切为民生,不就成了一句空话、一种摆设?

管好基础根深叶茂

　　李振兴投奔绿地集团,目标是打造一个属于"绿地"的酒店品牌,也是为了实现自己的职业理想。关于管理"秘笈",李总透露三点:首先,是尊重人。"需要别人尊重自己,那就必须先学会怎样去尊重别人。"这是做人、做事、做企业的根基。根基深了,才能根深叶茂。其次,学会用制度管人,而不是人管制度。企业只有通过制度管理,才可持续发展;如果失去制度,那将会失去一切。而"人管制度"的结果,就是所有的员工都围着人转,结果会迷失自己的工作方向。其三,是掌握优化技巧。这既体现出管理者的水平,也是企业成长的正道。同样的"配方",在上海、纽约或东京加工经营,会出现不同结果,所以,即使好制度,也需要不断优化。

　　李振兴定期组织大家学习,了解转型与发展的具体要求,并讲述其在管理中"三个代表"的基本精神,强化员工的职业规范。2008 年,他被国际权威机构授予"中国金枕头奖"、"最佳酒店经理人"称号,被世界酒店投资峰会暨世界酒店领袖中国会评选为"世界酒店·中国精英 100 榜",也曾被海南省政府授予"椰岛奖",被华阳街道社区授予"精神文明十佳好事"称号等。李振兴微微一笑:"光环对自己来说,其实并不重要;重要的是在实践中奉献才智,实现自己的人生价值。"

　　"独乐乐,不如众乐乐"是李振兴的信条,他也善于用自己的行动带领身边的员工一起投入助老扶弱和慈善帮困等社会公益活动,并引导大家树立正确的人生观和价值观。"大爱永恒,其乐无穷",李振兴总是将员工的快乐、大家的快乐作为自己的快乐,作为他本人热情工作的出发点和归宿点。

新克勒

海滨另类

167

任崇光：情结教育出新知

　　创新驱动,转型发展。建装、酒管行业的行家里手,如今也实现了职业生涯的重大转型。"我回来啦,小别十八年,又回到了教书育人的岗位。"这是任崇光院长在上海市新知进修学院专家座谈会上发表履新宣言时的一句开场白。

　　接过任院长的名片,发觉其头衔实在不少：民建上海市中青委副主任、静安区委副秘书长、静安区政协委员、区海外联谊会理事、市建筑学会生态装饰专家组组长、市社会心理学会常务理事、经营管理专委会主任、天城太平洋国际地产顾问公司董事……

返璞归真探新生

　　市场竞争日趋激烈,教育培训也不例外。任崇光考察了日本、欧美的一些学校,如东北大学、麻省理工大学、斯坦福大学、波士顿大学和巴黎大学等,毅然决定重返他始终心仪的教育岗位。出任院长后,任崇光首先对全校各部门进行深入调研,发现原有的管理模式和员工团队较为刻板守旧,办学效率不高,很难适应当今社会对教育的多样化需求。他比较了我国民办教育发展现状和发达国家民办教育发展过程,提出以"新益求新,知行合一"作为学院文化精神,并倡导通过运用"心知"来规范"言行"。

　　任崇光借鉴国外先进的教育管理模式,把现代企业管理方法嫁接到学院的教学管理中。他一上任就率先确立"树人育才"的三种理念,即："教学项目"理念,明确项目目标、岗位职责和考核机制;"学院营销"理念,用现代化营销方法让学生、家长、社会都了解和关心并支持学院的教学;"教育服务"理念,通过打造强有力的管理团队和科学的管理机制,把新知学院办成一所学生欢迎、家长放心、社会满意的民办学院。

此外,他还设立了"不以分数论英雄"的人才评价标准。他认为,只有社会认可、企业欢迎的毕业生,才算合格的毕业生;只有切实地贯彻"保护个性、因材施教"的原则,才能将学生培养成适应社会发展和变革所需的能用之才。从学校到企业,再从企业回归学校,任崇光走的是一条不断探索、创新、追求人生价值的道路。

初生牛犊不怕虎

1983 年,任崇光毕业于上海交通大学分校管理工程系,被推荐留校任教。五年后,他晋升为讲师,兼任系教学秘书。为了探求教育与社会相结合的出路,1993 年,他断然离开当时令人羡慕的大学教育岗位,投"海"经商,先后创办上海港联建筑装饰工程公司和上海唯樱酒店管理有限公司,并于 2005 年赴北京大学经济学院攻读旅游与酒店管理 MBA 课程。同时,唯樱酒店管理公司也先后与国际知名酒店管理集团如"喜达屋"、"希尔顿"、"利兹卡尔顿"等建立了长期合作伙伴关系,公司业务和效益稳步推进。

在日常工作中,任崇光养成了"勤于思、敏于行"的习惯。哪怕再忙,每天都要抽出一定时间翻书籍、查资料、做笔记,保持着对社会和业内发展的高度关注。当年,他曾带领港联公司,负责筹划了包括上海杏花楼大酒店、上海广场、上海精品商厦、众城大厦、北京国贸综合楼及公寓改建、景德镇西门子大酒店等一批酒店、商业项目的建筑装饰工程项目,先后三次获得上海市"白玉兰"殊荣,连续四年荣获"上海市建筑装饰信得过企业"称号。2011 年,任崇光再获"2010 年度中国建筑装饰企业品牌价值 100 强"称号。港联装饰公司年均产值约 5 000 万元,为国家年创税收逾 100 万元。

此外,任崇光还热心社会公益活动,遇到抗震救灾、扶贫帮困等慈善活动,他总是积极参与。2009 年 10 月,国庆与重阳双节并至,任崇光所领导的上海唯樱酒店管理公司作为承办单位,在苏州西山镇隆重举办了一场"庆国庆,迎重阳"敬老爱老慰问演出活动,以此表达自己和全体同仁对老人们的尊重与关心,以实现回报社会的愿望。

新克勒

净滨另类

九牛强拉仍不转

　　任崇光对当初上海市精品商厦的改建项目记忆犹新。此项目施工规模大、难度高、周期短，令多家竞标单位望而却步，他却力排众议、知难而上，在中标后的第一时间即组织全体技术骨干一起全身心地投入工程建设。他在施工现场与工人们同吃同住，项目进行到关键时刻，任崇光每天工作时间都达 15 个小时以上。他带领技术人员把好施工中每个环节的质量关。在任崇光实干精神的感召下，全公司上下全力拼搏，终于按时保质地完成该项目，并得到客户的高度评价，也使"港联装饰"品牌在业内获得了上佳的口碑。

　　经过了市场经济的洗礼，任崇光对教育事业有了更加深刻的认识。在民办教育前景暗淡，不少培训机构偃旗息鼓、改换门庭之际，他再次选择迎接挑战，于 2010 年 10 月正式出任上海市新知进修学院院长。他坚信，现在面临的困难是暂时的，中国社会和经济的转型发展预示着教育改革即将来临，他要用战士的姿态去迎接这个春天的到来。在不断发展壮大公司业绩和开拓教育事业的同时，任崇光仍然不忘自己对社会应尽的责任，更加热心地投入社会的、教育的公益事业。

肖建安：申江猎场大教头

人称"猎头之父"的肖建安实在太忙了，要不是提前约、反复约，是很难与他一见的。他的大本营在巴士大厦，就是南北高架与建国西路相交处的那幢大红楼。"刚从重庆回来，又被协会叫去开会，实在分身乏术啊！"他表示抱歉。

肖博士目前的名片有三个系列：一是专家学者身份系列，如北京大中华人才寻访研究会会长、上海人才服务行业协会副会长、上海股份公司联合会副会长。二是老板身份系列，如上海厂长经理人才公司总经理、上海英达国际人才公司董事长、上海英泰人才服务公司董事长。据称，还有第三系列，但他暂时没有透露。

身体力行双管齐下

"人才寻访，俗称就是猎头！"肖博士热情地介绍，"股份公司，即上市公司的书面化称谓。"作为专家学者，除人才服务行业协会之外，他还要投身于上市公司联合会，为其提供专业化服务；经常赴北京参加相关交流活动，参与大中华地区猎头的研究；亲自赶赴各地考察，开拓市场，出席各种学术研讨会，为同行作专题报告、提供研究思路。看来，他即使不想分身，也不得不分身。

为了企业加速成长、扩大公司的市场份额，肖建安除了在其掌舵的上海厂长经理人才公司做"高端猎头"之余，还成立了国际人才和科技人才派遣两家分公司，致力于打造企业品牌，增强核心竞争力，其经营业务主要集中于猎头、培训、管理咨询和人事代理。

此外，他常常抽空为各类企业的管理人员进行讲课培训，传授自己的实战经验,也为本行业协会编写教材、进行培训。对于一些签有保密协议的特殊服务,爽朗的肖建安也不得不卖起关子。猎头公司的工作是专门接受客户委托,为其关键岗位配置专业人才,其业务当然是有偿的,但决不收取个人费用。在操作过程中,必定会涉及各方面"隐私",事先签约保密规定,也属自然。

猎头好坏悟性第一

关于猎头业的国际化竞争,"既来之,则争之",肖建安淡然一笑,当初是"凤毛麟角",令人刮目相看,如今已如"雨后春笋",大街小巷遍地开花,没有必要再神秘兮兮。"我们拥有那么庞大的人才信息库,拥有一群富有实际经验的好猎手,还有一批长期稳定的客户……"他说,"虽然竞争很激烈,但猎头行业必定会越来越好,不仅企业,政府机关也在逐步习惯,并乐于把求才任务委托给专业化公司去完成,一些高层次人才也愿意将自己的职业生涯托付给相关专家来运作。这是改革开放及国际化进程中的一种必然趋势。"

"猎头之父"只要一接到"订单"就毫不含糊。一次,一家房地产公司委托代招一名"副总",肖建安亲自前往。进门一看,老总办公室有两三百平方米之大,墙边"一字型"排着一队高尔夫球袋。肖建安立即有所"悟",双方聊了一下,当场就签下"代猎"协议。之后,肖建安特意为其"猎供"一名"五种全会"的玩家,那位老板见面一"审",果然立拍即合。据透露,猎头好坏主要看其"悟性"。悟性高的人,能根据对方的蛛丝马迹,"揣"出老板的口味,还能够根据其"订单"的外延,"揣"出其"内涵"之所以然,其成交率必定不会低。

肖建安的"寻猎"功夫令同行折服,其"拿手绝活"是为企事业单位"猎供"高端人才,"经典作品"则是为上市公司"专供"特需人才。他曾亲自出马,先后成功为东方航空公司、上海汽车集团等"寻猎"财务总监,为新华传媒"嫁接"总经理,等等。

经营人才规则为先

对经营人才素质的把握,则是肖建安的"拿手戏"。他反复强调,"首先,要忠诚于资产所有者,这是作为企业家的必要前提;其次,必须具备良好的心理素质,坦然应对来自各方面的挑战;第三,要具备相当的经营管理意识;第四,有较强的沟通能力;此外,还要注意以人为本与崇尚务实的有机结合,既要重视人,也要重视实际结果。这样才能在市场竞争中循序渐进,开拓发展。"除了在协会或同行间传授外,他还经常应各家媒体之邀,去网络、电台阐述自己的心得体会。

　　"内训"之余,肖建安还经常投入"外考"。十余年来,他先后赴日本、荷兰、法国、德国、美国、意大利等国家进行实地考察。经过仔细对比研究,肖建安发觉,我国与发达国家在经营管理上的差距主要表现在"流程和制度"上:前者以人设岗,由人问责,后者以岗定人,由岗问责;前者主观性强、随意性大,后者客观性强、规定性大;两者的最大区别在于"规则"。从管理角度上看,有无制度保证,其结果必定大不一样,于是,肖建安又将自己的宝贵时间投入到猎头流程的建设中,为企业,也为中国猎头业的转型发展,夜以继日地思考着、忙碌着。

廉晓博：三位一体金融师

长宁路华阳路路口尚街会馆大楼的背面，有一幢装饰一新且略带"神秘"的老建筑。这里便是"以酒会友"，专供"新克勒"一族休闲、餐饮、交流或聚会的"席家酒窖"所在地。"本人股东兼房东，四分之一的合伙人。"一向低调、沉着的廉晓博，悄悄地透露出一点"个人隐私"。廉晓博不喜欢张扬，很少派发名片，也不讲究什么头衔。

"做人、做事都要讲究文化，没有文化的军队是愚蠢的军队，是不能参与战斗的。"廉晓博是上海交通大学海外学院金融工程师六期、金融EMBA二期学员，同学联谊会会长。他认为"幸福来自于文化"，缓缓道出自己经营人生的独特心得和"秘笈"。

在服务中创造幸福文化

"金融工程师"就是理财服务员，讲究品德、技能和经验三要素，并具有三大特点：一是面对电脑，凭本事吃饭，不求人、不"三陪"、不昧良心，同时还可以为自己和大家创造幸福的满足感；二是不受空间约束，只要带上电脑，便可随心所欲地到处走；三是不为时间限制，工作寿命很长，经验越老越丰富，本领越高越吃香。廉晓博说："虽然已积累不少实际经验，但还要不断地学习、不停地探索，在自己喜欢的岗位上创造出自己的幸福指数。"在金融服务中，他屡屡取胜的"法宝"就是心态，就是能够为大家创造幸福的感觉。

所谓"金融文化"，即金融工作者首先要讲究职业道德，决不能使客户赔钱。目前虽说"私募"已属于新金融的重要角色，并成为我国证券市场中一支不可或缺的重要力量，但实际上还是处在"犹抱琵琶"的状态，有点类似隐蔽战线上的卫士、竞技场里的斗士,较为灵活和强悍。而"公募"的情况却大不同。首先其产品名称非常不错,比如"领先"、"优势"、"高增"、"稳长"等等,经理人也比较潇洒,有的毕业生一进单位就会觅到相关"宝座",然而,在操作中却经常出现资金总额逐波减少、佣金总量节节攀升的局面。廉晓博认为,这种现象根本谈不上金融文化,至少在做人的良心上也很难说得过去。

在探索中体会快乐文化

"红酒文化"是充满快乐的朝阳产业,关于红酒的品鉴,大家是冲着共同的兴趣"玩"在一起的。在"玩"的过程中,充满着情趣和快乐。"席家酒窖"经营着国内外优质葡萄酒,如出产于法国五大名庄的红酒,并且在本市独家推出来自宁夏银川贺兰山东麓的佳酿系列席家花园葡萄酒。目前,"席家酒窖"一般每月进行一次国际性的品酒活动,以促进同行之间的合作与交流。

酒窖开张不到半年,已先后召开过法国、南非、加拿大等国的品酒会。出席者以"酒"为中心,在共同爱好的基础上,一起探讨酒文化、经营文化和人生价值等。廉会长坦言,自己不善于拍马,也学不会"三陪",曾经去日本打过工,做过贸易,开店办厂,结果都成了"拉链行"、"开关店",费尽心机、历尽折腾。如今,廉晓博隔三差五与同道们一起来这里,享受红酒文化,切磋经营之道,探讨人生价值。

在奉献中积累境界文化

"奉献文化"则更是廉会长的一种境界。作为金融工程师联谊会的会长,廉晓博觉得,自己应该为同学、为校园做一点事。他经常与同学们沟通交流,并根据大家的不同需求和多样化的爱好,定期分别组织各种类型的小沙龙,以便使更多的学员能够参与到活动中来。大家也养成了"有问题,找会长"的习惯。廉会长的手机 24 小时向同学开放,他把为大家服务作为自己的乐趣,把为社会奉献作为生活的一部分。他乐于在奉献中寻找自己的方向,在工作中调整自己的思路。

除精神奉献、时间奉献之外,廉会长还要经受的考验是:在经济上能不能"无私"？自从当上会长以后，他每年都要在各种活动的组织中为大家和学院作贡献。廉会长说，人活着要具备一定的精神，工作不一定是为了吃饭，而是为了一定的境界。这一境界来自于"适合、幸福、轻松和快乐"四大要素，其前提就是能够自由自在。"不必天马行空，不必求人，也不要扭曲自己，能够快快乐乐地玩到老，也是一种工作状态。"廉会长对于"奉献文化"有着身临其境且非常独到的诠释。

具有山东汉子性格的廉晓博 1980 年毕业于武汉水运工程学院船舶动力专业。五年后，去华东师大读历史。1993 年，他去东京打拼了六年；回国后，进入上海电大攻读金融本科。2006 年，他到上海交大海外学院读金融工程师课程；结束后，继续深造金融 EMBA 并获得澳大利亚 UB 国立大学颁发的证书。目前，他出任上海某投资管理咨询公司董事长、总经理，主要从事证券、期货、外汇等交易以及相关的咨询和服务。而"幸福、快乐"，则已成为他终身追求的理想。

桑家敏：日本海归心书家

　　"书画篆刻是我的'命根子'，也是自己赖以陶冶情操、增智觅宝乃至安乐养生的'衣食父母'。"冬至前夕，谦谦君子桑家敏，一位长期在传统艺术领域辛勤耕耘且已在申城艺坛初露锋芒的书法家，在他的梅川书屋里风趣地透露："游艺讲究灵性，得宝在于恒心，而书艺之宝，尽显于艺术聚焦点与才智闪光点的有机结合。"法书小品在艺术品开发、投资、收藏和拍卖等领域，同样具有无穷的价值。

　　国学成时尚，艺品进万家。如今，各类古玩商店在大街小巷如雨后春笋，各种新品、饰件及信物琳琅满目。除了青花、宋瓷、明宣德和鸡血、田黄、寿山石等传统藏品之外，大大小小的各体书法《心经》镜片，已成为近年来申城收藏界悄然兴起的一道亮丽风景线。对此有兴趣者，尤以高层次、知识型的"新克勒"阶层为主。

新作新境新视野

　　退休不久的老财务孙先生数十年来喜好收藏，平时积蓄几乎都花在瓷器上，工余假日稍有空就去淘旧瓷，本市各式古玩摊、寄卖铺没有一家不熟，出差或旅游在外时也少不了寻旧觅宝，业内所称的南瓷北窑，在孙老家中几乎一应俱全，大箱小柜被塞得满满当当，总量共有 300 余件。后来，孙先生专门请了一位行家上门鉴定，结果是：五花八门的红彩绿粉中没有一件出自原窑。直到他买到一幅《心经》楷书小品以后，心情才重新开朗。孙老不无感慨地说，这幅作品虽然不是古迹，但它纯真、实在、笔法到位，既可品味又能收藏，修身养神，给人以心灵的启迪，而且出自青年书家之手，具有增值的潜力。

心品心声心追求

上海"心经热"爱好者的队伍还在日渐壮大。不少人喜欢在居室或客厅的墙壁上挂着欣赏,有的则以室中悬挂《心经》作为避祸就福或者开心见诚的寄托,以致《心经》书法镜片在艺术市场上的售价持续攀升,一件尺寸并不太大的镜片,往往动辄以数千元计。在泰康路、多伦路等文化街的艺术品专卖店里,有时也可能淘到一些较为便宜的精良之作。在网络上,不但可以查看各路高手的精良之作,而且还可以聆听香港歌手刘德华悠扬回荡的歌声。书坛新秀桑家敏的法书《心经》小楷横幅挂件在申城快速走俏,除了与其长期刻苦研习有关,也和深层的市场背景有关。

《心经》作为一种传统文化,喜观赏者有之,乐诵读者也有之,但真正能深入其经藏者却依然寥寥。《心经》收藏热潮或与人们在浮躁中思幽静、繁华中念清空、忙碌中想悠闲、贪婪中求慈悲等心理因素不无关系,而《心经》书体的构成形式及其篇幅长短,也正与人们日常的欣赏习惯或居室空间相吻合。加之书道的传统神韵、书家的人格魅力、精美的艺术风格及海派艺术市场潜在的增值空间,这一传统的经典名著已成为当今人们精神生活以及家居装饰中受到追捧的艺术新品。建设银行的老书家陈金朴先生年书《心经》300幅,以飘逸清秀见长,深得其经传三昧;清明小长假,家敏兄以其新作《心经》小楷扇页见贻,所书法度严谨、起伏有致,计黑留白的学问、晋碑唐帖的遗韵,无不尽收眼底。周汉民教授品读后认为,桑书小楷《心经》横幅是当今海派艺术中不可多得的珍品之一。

小桑小楷小收藏

家敏兄为新上海人士,留日海归艺术家。早年师从著名艺术家孔柏基、孔寿山、汤起康等前辈,书画篆刻无所不能。好学好进及精益求精是桑家敏作品,尤其是小楷法书中的主要精神和特征。其书法四体兼顾,尤精小楷,蝇头之品似汉似唐,点画之间有隶有行;绘画亦以工笔白描见长,篆刻则偏好元朱文。

家敏的书法作品曾在富士山举行艺展,赢得东邻人士一致好评。归国后,他更以传统书画为方向,闭户谢客,默默耕耘,以各家《心经》为本,兼取近代诸家，参以北魏笔法，于细微处显示力度，温雅中别具碑气，形成精致独到的艺术风格，令各界人士刮目相看，业内都称他"小桑"。

妙智妙慧妙心情

《心经》即《般若波罗蜜多心经》，梵文"Prajnaparamitahrdayasutra"，简称《般若心经》或《心经》。全经只有一卷，共计 260 字，属于《大品般若经》600 卷中的一节，被认为是般若经类的提要。该经曾有过七种汉译本，较为著名的是后秦鸠摩罗什的《摩诃般若波罗蜜大明咒经》和唐朝玄奘的《般若波罗蜜多心经》。

《般若经》共有八部，《心经》是其中最为短小的经典名著，作品言简意赅、词寡旨深，深入浅出地概括了《大品般若经》的义理精要，核心是智在心中，境由心生，即有色者能见，无色也能见，有声者能闻，无声也能闻。其思想大旨"色即是空，空即是色"，亦为一切众生的本心所具。诵读此经可了解般若的基本精神。所谓"般若"，就是梵语"Prajna"的音译，本义就是"智慧"，亦指能产生一切善法的"妙智妙慧"。

陆志德：摩登又闹上海滩

推陈出新，新入旧出，画家陆志德日前又出奇构。继"犹太人在上海"火爆申城之后，面目一新的"上海摩登"再次在沪亮相。婀娜张爱玲、风流陆小曼、非凡阮玲玉……又来上海滩？除了在外滩举办"陆志德·摩登上海"专题展览之外，这一张张新颖别致的"'上海摩登'明信片"，又成为街头巷尾人们争相传说的新话题。

"上海摩登"举凡 24 帧，帧帧出奇构。那美酒加咖啡、金钱与玫瑰，那琴棋书画、珠光宝玉，伴随着多姿多彩的美女和郎君。精致的笔触，鲜艳的色彩，或眉飞色扬，或手舞足蹈，交织着乡音和旧情，似一波三折的舞步和曲调，充满着对上海往昔的思恋与怀念。作者通过多重主题、多层思绪、多种构图的巧妙设计，紧扣典型情景、典型人物和典型道具，进行入木三分的细节刻画，将人们的视线引入了上世纪的那个年代。脂香神韵，浓艳奢侈，满江波涛，不尽春水……晨昏之间，潇洒与时尚，无不显示出深厚的功底与情趣。

"上海摩登"推陈出新，新入而旧出。作者以全新的笔法、全新的创作技巧，中外相合，古今交织，大胆地创新各种流派。作品细腻流畅，重彩淡抹，烟雾缭绕，如歌如诉，将丰韵丽人及市井故事等多种情调融为一体，在表现个人内在玄机与视象的基础上，勾勒出一幅幅现代"上海老摩登"的艺术境界。

陆志德的笔墨功夫从中国传统山水技法中脱胎而成，又在周游列国的过程中受西方现代主义熏陶，尤其受抽象派和超现实主义影响颇大，故其作品敢于突破传统水墨画的技法，随心所欲，尽情挥洒，意到笔到，浑然天成，给人以思旧、忆新的无尽享受。

摩登又闹上海滩（陆志德绘）

　　正如陆志德所言,东方文化崇尚"静",如一碗清茶,闲雅自在,又如悠扬的民乐,余音不绝;西方文化讲究"热",如浓郁的咖啡,香重意远,又如激昂的交响乐,振奋人心。传统笔法与自然意境深深根植于画家的内心,抽象画风、理性结构,则受西方文化和时尚风潮的影响。陆志德的画内涵丰富,也注重外在装饰,适应现代人的审美情趣。

　　作为一名艺术家,陆志德经历了从民族传统到中西结合的转变,师从多位国画大师及海外游学的经历,使他具有更开阔的美学视野。他不局限于一家一法的地理概念,也不盲目地崇尚西化。他强调中西结合,强调新材料的应用。无论内在还是外形,他的画都体现了中西文化的真正交融。

后 记

　　"克勒"者，即"class"、阶层也；"新克勒"，即新时期、新上海的新客人、新阶层。如果说，当年上海滩上那些以小开、公子哥为代表的"老克勒"充满休闲、博学和侠义之气，那么，作者笔下所描绘的当今以海归、创业者为代表的"新克勒"，则无不具有自信、自豪等时代精神，并且富有创新、拼搏等个性特征。

　　新世纪以来，在新一轮上海城市大发展的背景下，这些人从世界各国、全国各地来到上海，在各行各业拼搏、奋斗和发展，成为某领域中的典型人物。他们或学有所长，或业有专攻，或事有所成，有的已名闻退迩，有的还在默默耕耘。本书即以这一特殊人群为关注对象，撷录他们在上海艰苦拼搏、实现自我价值的感人经历，虽只是片断或剪影，但无不体现其博学多才、大胆探索、勇于进取的精神状态。

　　本书以博学、多才和进取三条视线为观察点，介绍新世纪以来从各国、各地来上海滩谋求发展的各类外来人士，共计50余名，并按照他们的身份、经历及其主要特色，分"海归英才"、"海派奇葩"、"海商新锐"、"海上情结"和"海滨另类"五个部分。"海归英才"是各行各业的"归海"人士，海外学成来上海，在各领域中独树一帜；"海派奇葩"是当今海派艺坛各路佼佼者，在汲取传统精华基础上不断探索创新；"海商新锐"是上海商贸大舞台上形形色色的创业者，来自四面八方，都勇于拼搏、不懈追求；"海上情结"是海外使者情系上海滩的故事；"海滨另类"则介绍上海滩别具一格的侠义、风情和善举。他们各有特色，都在积极进取。

　　作品紧扣"新克勒"的个人特殊经历、精彩生活片断、非凡工作成就和各种生动感人的故事，反映其在上海这一国际性大舞台上的精彩"演出"，或成功，或坎坷，或艰辛。在写作中，坚持以典型片段为主，重视内容的真实性以及细节描述，刻画出他们在与上海这一大环境的融合与互动中的精神世界和时代风貌。

最后，感谢徐中玉、方智范两位教授在百忙之中为拙著赐序，感谢画家陆志德、书家桑家敏专门提供插图和法书。肖建安、杨承基、宋予敏等在图片摄影上给予帮助。在本书编辑出版过程中，吴建中、张德胜、方笑一等多位学长以及专家沈伟麟、钱汉东等给予本人诸多指点和启示，在此一并表示由衷的感谢。此外，由于本人视野、学识所限，文中疏漏不足在所难免，恳望有识之士不吝指正。

吴下沈宽并识于沪上二长三短斋

2011 年 11 月

图书在版编目(CIP)数据

新克勒 / 沈宽著. —上海：文汇出版社,2011.12
ISBN 978 - 7 - 5496 - 0338 - 1

Ⅰ.①新… Ⅱ.①沈… Ⅲ.①人物-生平事迹-上海市-现代 Ⅳ.①K820.851

中国版本图书馆 CIP 数据核字(2011)第 234244 号

新克勒·新上海人

编　　著 / 沈　宽

责任编辑 / 陈润华
装帧设计 / 靳　伟
绘画创作 / 陆志德
书法题词 / 桑家敏
图片摄影 / 肖建安等

出版发行 / 文汇出版社
　　　　　　上海市威海路 755 号
　　　　　　(邮政编码 200041)
经　　销 / 全国新华书店
照　　排 / 南京展望文化发展有限公司
印刷装订 / 上海新文印刷厂
版　　次 / 2011 年 12 月第 1 版
印　　次 / 2011 年 12 月第 1 次印刷
开　　本 / 787×1092　1/16
字　　数 / 160 千
印　　张 / 12.25
书　　号 / ISBN 978 - 7 - 5496 - 0338 - 1
定　　价 / 30.00 元